Der Höhepunkt des Lebens

Bhagwan Shree Rajneesh
über den Tod

W0055170

RAJNEESH
VERLAG

2. Auflage 1988

Copyright:	© Neo-Sannyas International Foundation
Druck:	Elsnerdruck, Berlin
Verlag:	Rajneesh Verlags GmbH
	Venloer Straße 5-7
	5000 Köln 1
	Tel. (0221) 574 07 43

Dies ist die einzige von der Rajneesh Foundation International autorisierte Übersetzung ins Deutsche. Alle Rechte vorbehalten. Nachdruck und fotomechanische Wiedergabe, auch auszugsweise, nur bei schriftlicher Genehmigung der Herausgeber.

ISBN 3-925205-00 -4

 und Rajneesh sind eingetragene Warenzeichen.

Der Höhepunkt des Lebens

Bhagwan Shree Rajneesh
über
den Tod

Inhalt

Das Schwert von Liebe und Tod   8

Bereite dich auf den Tod vor   46

Die große Reise   51

Das Senfkorn   52

Die Kunst des Sterbens   55

Die Kunst des Lebens   67

Sannyas oder Selbstmord   81

Das Leben ist eine Frau   92

Seifenblasen   96

Nutze das Leben – nutze den Tod   99

Was hast du schon zu verlieren?   107

Kopfspiele   111

Der eigentliche Höhepunkt   120

Du kannst mich mal   123

Der größte Witz, den es gibt   124

Wie eine Schneeflocke in klarer Luft   127

Morgen, morgen, morgen   133

Das Wesentliche und das Unwesentliche   136

Eine uralte Geschichte:

Jesus, Sohn der Maria, traf einmal auf einen alten Mann, der auf einem Berg im Freien lebte, ohne jeden Schutz vor Regen und Kälte. Jesus fragte ihn, warum er sich kein Haus gebaut habe.

„Ah, Geist Gottes!" sagte der alte Mann. „Propheten vor dir haben vorausgesagt, daß ich bloß siebenhundert Jahre leben würde. Da ist es die Mühe nicht wert, sich niederzulassen."

aus der Reihe: „Book Of Wisdom", Band 2

Die Dunkelheit der Nacht eilt so schnell heran,
und die Schatten der Liebe
umschließen Körper und Geist.
Öffne das Fenster zum Westen, und verschwinde
in deinem inneren Raum.
In der Mitte deiner Brust ist eine offene Blume.
Trink den Nektar, der diese Blume umgibt.
Wellen rollen heran:
Es ist eine solche Herrlichkeit nahe dem Ozean.
Horch – der Klang riesiger Muscheln! Klang der Glocken!

Kabir sagt: „Freund, höre,
das ist, was ich zu sagen habe:
Der Gast, den ich liebe, ist in meinem Inneren.

Freund, hoffe auf den Gast, solange du noch lebst.
Tauche in Erfahrung ein, solange du noch lebst.
Denke daran, vergiß es nicht, solange du noch lebst.
Was du „Erlösung" nennst,
gehört in die Zeit vor deinem Tod.
Wenn du die Fesseln jetzt nicht löst,
glaubst du, die Geister
tun es für dich – nach deinem Tode?

Zu Denken, daß die Seele sich mit der Ekstase vereint,
nur weil der Körper verrottet –
das alles ist Einbildung.
Was du jetzt findest, wirst du auch dann finden.

Wenn du jetzt nichts findest, endest du lediglich
in einer Unterkunft der Stadt des Todes.
Aber wenn du das Göttliche jetzt liebend umarmst,
dann hast du im nächsten Leben
das Antlitz befriedigten Verlangens.

Also tauche in die Wahrheit ein.
Finde den Lehrer,
glaube an den großen Klang!

Kabir sagt dies:
Wenn du den Gast suchst,
ist es die Leidenschaft deines Verlangens,
die die ganze Arbeit tut.
Schau mich an…
Und du siehst einen Sklaven dieser Leidenschaft.

Das Schwert von Liebe und Tod

Das größte Mysterium im Leben ist nicht das Leben selbst, sondern der Tod. Der Tod ist der Höhepunkt des Lebens, die endgültige Blüte des Lebens. Im Tod wird das ganze Leben zusammengefaßt, im Tod kommst du an. Das Leben ist eine Pilgerreise zum Tod. Von Anfang an kommt der Tod herbei. Vom Augenblick der Geburt an beginnt der Tod, zu dir zu kommen, fängst du an, dem Tod entgegenzugehen.

Und das größte Unglück, das dem menschlichen Verstand widerfuhr, ist, daß er gegen den Tod ist. Wenn du gegen den Tod bist entgeht dir das größte Geheimnis. Und gegen den Tod sein, heißt auch, daß dir das Leben selbst entgeht – denn sie sind tief miteinander verwoben. Sie sind nicht getrennt. Das Leben wächst, der Tod ist seine Blüte. Die Reise und das Ziel sind nicht getrennt – die Reise endet im Ziel.

Der Tod muß als das Crescendo begriffen werden. Dann entsteht eine andere Sichtweise. Dann vermeidest du den Tod nicht, dann bist du nicht gegen den Tod – dann wirst du gepackt vom Geheimnis des Todes, und du beginnst, ihn zu genießen und darüber nachzudenken und darüber zu meditieren.

Und der Tod kommt auf vielen Wegen. Wenn du stirbst, dann ist das nur eine Form des Todes. Wenn deine Mutter stirbt, dann ist das auch ein Tod für dich –, weil die Mutter in dir enthalten war, sie hat einen großen Teil deines Wesens eingenommen. Und nun ist die Mutter gestorben – dieser Teil in dir ist gestorben. Dein Vater wird sterben, dein Bruder, deine Schwester, dein Freund. Selbst wenn dein Feind stirbt, wird etwas in dir sterben, denn auch der Feind war Teil von dir. Du vermißt etwas, dir fehlt etwas, du wirst nie wieder derselbe sein.

So kommt der Tod nicht nur bei deinem Tod; der Tod kommt auf vielfältige Weise. Der Tod kommt immer. Wenn deine Kindheit vorbei ist und du ein junger Mann oder eine junge Frau geworden bist, kannst du nicht sehen, daß Tod geschehen ist? Die Kindheit ist nicht mehr da, die Kindheit ist gestorben, diese Tür ist verschlossen. Du kannst nicht zurückgehen, du kannst sie nicht wieder einfangen; sie ist für immer fort: Du bist als Kind gestorben. Und dann, eines Tages, bewegt sich der junge Mann auf das Alter zu: wieder ist er gestorben. Es gibt tausendundeinen Tod.

Wenn du tief und eindringlich schaust, wirst du tatsächlich sehen, daß du jeden Moment stirbst, weil du dich jeden Moment änderst – etwas entgleitet deinem Wesen, und etwas tritt in dein Wesen ein. Jeder Moment ist eine Geburt und ein Tod. Du fließt zwischen diesen beiden Ufern, Geburt und Tod. Der Fluß deines Lebens ist nur durch Geburt und Tod möglich – und das geschieht in jedem Moment.

Es geschieht ganz im Stillen. Du kannst seine Schritte nicht hören. Es macht kein Geräusch. Es geschieht ständig. Und es geschieht ununterbrochen, so daß du es nicht siehst, es ist so offensichtlich. Das Offensichtliche wird vergessen, es wird Teil deines Lebens. Du bemerkst nur etwas, das plötzlich passiert, du bemerkst nur etwas, das unvermittelt kommt. Und Tod geschieht ständig, deshalb nimmst du ihn überhaupt nicht zur Kenntnis.

Und das sind nicht die einzigen Formen des Todes; es gibt noch subtilere Formen des Todes. Wenn du dich verliebst, stirbst du. Liebe ist Tod – Tod in seiner reinsten Form. Und nur wer bereit ist zu sterben, wird fähig sein zu lieben.

Wenn du Angst hast zu sterben, wirst du auch Angst haben zu lieben. Deshalb gibt es keine Liebe auf der Welt. Die Leute denken ständig über Liebe nach – sie fantasieren darüber, aber sie gehen nicht hinein. Denn Liebe ist Tod. Und der Tod macht dir Angst.

Liebende sterben, der eine im anderen. Und nur die, die bereit sind, im anderen zu sterben, werden zu Liebenden. Die anderen spielen nur ein Spiel. Das Spiel „Liebe" ist nicht wirkliche Liebe, es ist unecht. Und Millionen von Menschen fahren fort, unaufrichtig zu sein – weil sie Angst vor dem Tod haben. Deshalb haben sie auch Angst vor der Liebe. Und Liebe bringt immer den Tod mit sich. Liebe ist eine Tür für den Tod, und der Tod ist eine Tür für die Liebe.

Oder wenn du meditierst, dann stirbst du auch. Deshalb fürchten sich die Leute, tief in Meditation zu gehen. Jeden Tag kommt jemand zu mir: „Bhagwan, jetzt passiert es. Und ich habe Angst. Ich habe Angst bis in meine tiefsten Wurzeln. Meditation geschieht; ich fühle eine Art von Verschwinden. Nun schütze mich." Er wollte unbedingt meditieren – als es nicht passierte, war er sehr besorgt. Jetzt passiert es; das macht Angst. Und ich weiß, warum – denn als er über Meditation las, und von Meditation hörte, wurde er gierig danach, ohne sich bewußt zu werden, daß sie in einen tiefen Tod hineinführt.

Oder du gibst dich einem Meister hin. Das ist eine der tiefsten Formen des Todes: Das Ego stirbt und verschwindet. All dies ist Tod, und Tod geschieht immer.

Du hast bestimmt diese berühmten Zeilen von John Donne gehört: „Jedes Menschen Tod verringert mich, denn ich bin in der Menschheit enthalten; und deshalb versuche nie herauszubekommen, wem die Glocke schlägt – sie schlägt für dich."

Immer, wenn irgendjemand irgendwo stirbt, klopft der Tod auch an deine Tür. Und nicht nur ein Mensch; ein Hund stirbt, eine Krähe stirbt, oder ein Blatt verblaßt, stirbt ab und fällt vom Baum – *du* stirbst. Denn wir sind miteinander verbunden, wir sind Teile voneinander, wir sind Glieder eines Körpers. Der Mensch ist keine Insel; wir gehören alle auf eine Art zusammen. Und der Tod geschieht jeden Moment, auf Millionen von Arten auf der ganzen Welt. Die Existenz lebt durch den Tod, die Existenz erneuert sich durch den Tod. Der Tod ist das größte Geheimnis – geheimnisvoller als das Leben, denn das Leben ist nur eine Pilgerreise zum Tod.

Und nur jene, die den Tod lieben, können erfahren, was Leben ist. Die Menschen leben nicht – sie können gar nicht leben, weil sie solche Angst vor dem Tod haben.

Ich habe folgende Geschichte gehört: Ludwig Wittgenstein, ein großer Philosoph, besuchte einen anderen berühmten Philosophen, Bertrand Russell. Eines Nachts rannte Wittgenstein pausenlos auf und ab und hielt Russell damit wach. Russell fragte nach dem Grund. Wittgenstein sagte, er könne sich nicht entscheiden, ob er Selbstmord begehen solle oder nicht. Russell entgegnete: „Na, dann beeile dich aber mit der Entscheidung, denn ich möchte noch ein wenig Schlaf bekommen."

Russell machte einen Witz daraus, verpaßte jedoch das Wesentliche. Er war ein sehr rationaler Mensch, realistisch, pragmatisch, logisch. Wittgenstein war ebenfalls ein großer Logiker, größer noch als Bertrand Russell, aber er wußte auch um die Grenzen der Logik. Er wußte, daß es etwas jenseits der Logik gibt und er wußte, daß das Leben seine Geheimnisse nur im Tod enthüllt. Sein ganzes Leben lang war er vom Tod fasziniert – er dachte ständig darüber nach, ob er Selbstmord begehen sollte oder nicht. Mit „Selbstmord" meinte er nicht einen gewöhnlichen Selbstmord – er stellte sich die Frage, ob er verschwinden solle oder nicht.

Und man kann auf zwei Arten verschwinden. Eine davon, die übliche Art, die normale Art zu sterben ist zu kämpfen, sich dagegen zu wehren. Die andere Möglichkeit ist, zu entspannen, sich zu freuen und ekstatisch zu sein. Das meinte er mit Selbstmord. Freiwillig, tanzend in das Abenteuer hineinzugehen – das nennt er Selbstmord. Selbstmord heißt, von sich aus bereit sein, dem Tod entgegenzugehen und ihn zu umarmen.

Das ist eine der wichtigsten Entscheidungen, die jeder einzelne zu treffen hat. Stirb keinen gewöhnlichen Tod – widerstrebend, voller Kampf, wütend, ärgerlich, festhaltend, gierig nach Leben. Stirb liebevoll. Nur dann wirst du fähig sein, diese Sutras von Kabir zu verstehen – sie sind von unglaublichem Wert und Reichtum.

Die Dunkelheit der Nacht eilt so schnell heran
und die Schatten der Liebe
umschließen Körper und Geist.

Eine sehr merkwürdige Aussage.

Tinvir sanz ka gahira avai
chhavai prem tan-man men.

Die Nacht bricht schnell herein, es wird immer dunkler, alles Licht verschwindet. Das Leben ertrinkt im Tod, der Tod kommt wie eine Flut – *chhavai prem tan-man men*. Aber Kabir sagt: Ich bin erstaunt darüber, daß mein Körper und Geist beide so voller Liebe sind. Der Tod eilt heran – so sollte es eigentlich nicht sein.

Normalerweise ist es nicht so. Wenn der Tod naht, verschwindet deine Liebe vollständig. Du wirst so trocken wie eine Wüste, alles Grüne in dir verschwindet. Wie kannst du lieben, wenn der Tod naht? Wie kannst du an Liebe denken, wenn der Tod an deine Türe klopft? Wie kannst du es dir leisten, an die Liebe zu denken, wenn der Tod so nahe ist? Die Liebe ist ein Luxus – wenn der Tod in weiter Ferne ist, kannst du sie dir erlauben.

Tatsächlich denken Verliebte, sie würden niemals sterben. Verliebte neigen dazu, den Tod zu vergessen – sie beginnen zu fühlen, die Liebe ist ewig, immer und ewig. Liebe ist nur möglich, gewöhnliche Liebe, meine ich, wenn du denkst, dir vorstellst, es gäbe keinen Tod. Nur dann gibt es Zeit und Raum genug, Liebe zu zeigen, Liebe wachsen zu lassen, Liebe zu ernten. Wenn der Tod naht…

Stell dir einfach vor: Du sitzt an der Seite deiner Geliebten, hältst ihre Hand, und auf einmal kommt ein Bote und sagt dir, daß du innerhalb von fünf Minuten sterben wirst. Die Geliebte wird verschwinden, sie wird überhaupt nicht mehr da sein. Deine Hand mag noch immer in der Hand deiner Frau ruhen, aber deine Hand wird nichts mehr fühlen. Deine Hand wird eine tote Hand sein. Du wirst kalt werden, alle Wärme wird verschwinden.

Der Tod kommt. Wer kann da an Liebe denken?

Deshalb können sich nur junge Menschen leisten, verliebt zu sein – der Tod scheint so weit weg zu sein, in weiter Ferne. Sollte er je kommen, dann liegt das in weiter Ferne, es besteht kein Grund zur Besorgnis. Wenn du älter wirst, wird das Lieben schwierig, denn der Tod nähert sich auf viele verschiedene Arten. Deine Haare werden grau, dein Gesicht wird faltig, dein Körper wird schwach. Irgend etwas entgleitet dir jeden Tag. Und was immer dir entgleitet, kannst du nicht zurückholen. Du stirbst. Wenn du älter wirst, erscheint die Liebe beinahe unmöglich. Und wenn alte Menschen junge Leute als Narren sehen, dann haben sie einen Grund dazu. Der Grund ist, daß sie jetzt die Narrheit der Liebe erkennen können.

Im Angesicht des Todes erscheint Liebe als Narrheit, ist

Liebe absurd. Wenn der Tod nicht da ist, dann ist Liebe möglich, dann ist Liebe wunderschön. Wenn der Tod da ist, was soll dann die Liebe? Sie ist nur eine Art Halluzination. Vielleicht ist Liebe eine natürliche Droge, die dein Körper absondert, sie ist chemisch.

Der alte Mensch fängt an nachzudenken – in dem Maße, wie sein Lebensquell versiegt, und er beginnt, zur Wüste zu werden, wird er gleichzeitig sehr weise und beginnt, die Liebe als etwas Närrisches, Dummes zu betrachten. Nur junge Menschen sind so dumm, an Liebe zu denken – denn was ist an dem Ganzen schon daran? Er kann nirgendwo mehr Schönheit sehen. Er fängt an, Menschen als Skelette zu sehen, er fängt an, Menschen als verrottete Körper zu sehen, als schmutzige Dinge. Wie kannst du dich in ein Skelett verlieben?

Stell dir einmal deine Geliebte als Skelett vor. Und umarme das Skelett. Denke nur an die Knochen... Nein, du brauchst die Jugend, um dich zu täuschen zu lassen – das ist es, was der alte Mann zu denken beginnt. Er stirbt. Und wenn der Tod durch die eine Tür eintritt, verschwindet die Liebe durch die andere.

Deshalb sage ich, Kabirs Aussage ist seltsam und von ungeheurem Wert. Er sagt:

Die Dunkelheit der Nacht eilt so schnell heran,
und die Schatten der Liebe
umschließen Körper und Geist.

Chhavai prem tan-man men.

„Mein Körper und Geist werden mit Liebe überflutet." So sollte man sterben. Wenn der Tod deine Liebe zerstört, dann hast du die wahre Liebe nicht erfahren; du warst in einer Täuschung befangen – diese Liebe war keine wirkliche

Liebe. Dann hast du deinen Geliebten bis jetzt noch nicht gefunden, dann hast du Gott noch nicht in deinem Geliebten gesehen. Denn sonst wirst du, wenn du dem Tod nahekommst, voller Liebe sein, überflutet, überfließend.

Warum? Weil du als getrenntes Einzelwesen jetzt vollkommen im Geliebten verschwinden wirst. Dann ist der Tod kein Tod mehr, sondern Gott. Und das ist das Wunder der Meditation – sie verwandelt den Tod in Gott. Und wenn Meditation den Tod in Gott verwandeln kann, was kann sie dann mit dem Leben machen? Sie verwandelt das Leben in eine große Ekstase.

Man sollte lernen, wie man lebt und wie man stirbt. Das ist die richtige Art zu sterben – voller Liebe, voller Gebet, bereit für das Abenteuer namens Tod. Der Körper wird verschwinden, du, als getrenntes Einzelwesen, wirst im Ganzen aufgehen. Aber das ist die Sehnsucht der Liebe – die Liebe möchte sich auflösen, die Liebe möchte sterben, die Liebe möchte mit dem Ganzen eins werden. Sie möchte nicht getrennt bleiben.

Diese Sehnsucht, eins mit dem Ganzen zu werden, ist Liebe.

Denke daran, wenn der Tod dich an die Liebe erinnert, dann bist du auf der richtigen Spur. Wenn die Liebe dich an den Tod erinnert, dann bist du auf der richtigen Spur. Wenn deine Liebe nur möglich ist, indem du den Tod verleugnest, dann ist deine Liebe unecht. Und wenn die bloße Idee des Todes deine Fähigkeit zu lieben zerstört, dann hast du bis jetzt noch nicht erfahren, was Liebe ist.

Liebe und Tod treten gemeinsam auf, sie sind zwei Aspekte der gleichen Energie. Wenn der Tod die Erfüllung deiner Liebe ist, und wenn deine Liebe dich zu sterben bereit macht – wenn sie den gleichen Geschmack und den gleichen Duft haben – dann bist du dir zum ersten Mal über die

Geheimnisse des Lebens bewußt geworden, Liebe und Tod.

Öffne das Fenster zum Westen
und verschwinde in deinem inneren Raum.

„Öffne das Fenster zum Westen…" Das ist eine Metapher. Der Osten verkörpert die aufgehende Sonne, die Geburt. Und der Westen verkörpert die untergehende Sonne, den Tod. Kabir sagt: Öffne das Fenster zum Westen. Mache dich bereit, öffne das Fenster zum Westen, die Sonne geht unter. Beeile dich, öffne das Fenster zum Westen, verpasse die Schönheit des Sonnenuntergangs nicht. Du hast die Schönheit einer aufgehenden Sonne gesehen, jetzt tanze mit der untergehenden Sonne. Du hast dein Leben gelebt, jetzt lebe deinen Tod.

Öffne das Fenster zum Westen
und verschwinde in deinem inneren Raum.

Das Original ist: *Dubaha prem-gagan men* – Verschwinde am inneren Horizont der Liebe. Öffne dem Tod die Türe und verschwinde am inneren Horizont der Liebe. Laß das Leben und den Tod sich treffen, laß Leben und Tod eins werden. Und dann wirst du wissen, was Gott ist.

Der Punkt, an dem Liebe und Tod sich treffen, ist die Erfahrung Gottes. Und du fragst immer weiter, was Gott ist, und du fragst nach Gott, als ob diese Frage von irgendeinem Theologen oder Philosophen beantwortet werden könne. Es ist eine *Erfahrung,* und nur den Mutigsten zugänglich – denn es ist die Begegnung von Tod und Liebe.

Öffne das Fenster zum Westen
und verschwinde in deinem inneren Raum.

Dann wirst du wissen, was Gott ist. Gott ist Liebe auf der

einen Seite und Tod auf der anderen Seite. Und es gibt zwei religiöse Richtungen auf der Welt – Religionen, die die liebende Seite Gottes aufgegriffen und betont haben, und Religionen, die die Todesseite Gottes aufgegriffen und betont haben. Das Christentum hat sich für die liebende Seite entschieden, Buddha für die Seite des Todes.

Kabir geht über die beiden Seiten hinaus. Er sagt: Es ist nicht nötig, eine Wahl zu treffen. Laß beide da sein – warum wählen? Laß Liebe und Tod sich begegnen.

Öffne das Fenster zum Westen
und verschwinde in deinem inneren Raum.

Dubahu prem-gagan men.

„Ertrinke in Liebe und Tod." Kabir hat eine sehr tiefgehende Einsicht. Jesus sagt: „Gott ist Liebe." – das ist die positive Seite Gottes. Buddha wählt die negative Seite Gottes – sein Weg ist der Weg des Negativen, via negativa. Christus sagt ja, Buddha sagt nein. Und Gott ist beides, Ja/Nein. Gott ist beides und doch jenseits von beidem – Ja und Nein reichen beide nicht aus, ihn zu umfassen. Buddha sagt Nirvana dazu. Nirvana bedeutet Tod – wörtlich bedeutet es: „eine Lampe ausmachen". Nirvana bedeutet: „eine Flamme auslöschen". Genauso verschwindest du im Tod.

Für Buddha ist der Tod Gott. Das ist der Grund, warum Buddha die gelbe Robe für seine Mönche wählte – gelb ist die Farbe des Todes. Die Blätter werden gelb, bevor sie sterben, der Mensch wird gelb, bevor er stirbt. Sein Gesicht wird blutleer. Gelb ist die Farbe des Todes.

Kabir ist beides, Buddha und Christus. Er sagt: „Warum wählen? Gott ist beides!" Aber warum haben Christus und Buddha nur eine Seite gewählt? Der Grund ist, wenn du dich nicht für eine Seite entscheidest, dann wirkst du sehr unlogisch. Gott soll beides sein – Liebe und Tod? Das sieht absurd aus – es paßt nicht in unser Denkmunster. Gott ist beides, Dunkelheit und Licht? Gott, Schöpfer und Zerstörer? Gott als das Gute und das Böse? Das paßt nicht zusammen. Und weil es nicht zusammenpaßt, haben wir den Teufel erschaffen.

Die Christen haben den Teufel erschaffen. Denn wenn Gott die Liebe ist, wer ist dann der Haß? Und den Haß gibt es; eigentlich noch mehr als die Liebe. Haß scheint die größere Macht, die stärkere Kraft zu sein, mit mehr Einfluß auf den menschlichen Verstand, als ihn die Liebe hat.

Kannst du das nicht überall geschehen sehen. Wenn ein Land in den Krieg zieht, vereint es sich. Ohne den Krieg im Land gibt es keine Einheit. Wenn deine Familie mit einer anderen Familie streitet, haltet ihr zusammen, zeigt große Liebe für alle Familienmitglieder. Aber wenn es keinen Kampf gibt, keinen Haß, keinen Krieg, dann fangt ihr an, untereinander zu kämpfen.

Das ist in Indien geschehen. Viele Jahrhunderte lang lebten Hindus und Mohammedaner hier zusammen. Nachdem Indien befreit war, wurde es zu einem Problem – sie fingen an, sich gegenseitig umzubringen. Und die einzige Lösung war, das Land in zwei Teile zu spalten. Die Hoffnung dabei war, wenn die Mohammedaner ein eigenes Land – Pakistan, und die Hindus ein eigenes Land – Hindustan, hätten, daß die Probleme damit gelöst wären, und sie in Frieden leben würden. Aber das ist nicht eingetroffen. Mohammedaner und Hindus kämpfen nicht mehr gegeneinander, denn sie leben in getrennten Ländern, sie sind nicht mehr zusammen. Aber Pakistan begann mit sich selbst zu kämpfen; Mohammedaner fingen an, Mohammedaner zu bekämpfen, und Bangladesch ging daraus hervor. Und die Hindus fingen an, untereinander zu kämpfen.

Indien ist ein großes Land. Die Hindi-sprechende

Bevölkerung bekämpft die Nicht-Hindi-sprechende Bevölkerung, die Gujaratis bekriegen die Maharathis, der Süden kämpft mit dem Norden – Tausende von Kämpfen. Ein Kampf hört auf, und tausendundeins Kämpfe beginnen. Als die Hindus gegen die Mohammedaner kämpften, herrschte unter den Hindus Einigkeit und unter den Mohammedanern auch. Und das ist die Geschichte der gesamten Geschichte der Menschheit.

Menschen sind nicht aus Liebe zusammen, sondern weil sie einen gemeinsamen Feind haben. Der gemeinsame Feind verbindet sie. Adolf Hitler sagte in seiner Autobiographie: „Ob da nun ein Feind ist oder nicht, du mußt weiter ausrufen, daß das Land in Gefahr ist." Auf diese Weise bleibt das Land vereint; wenn kein wirklicher Feind da ist, dann schaffe einen falschen. Aber ein Land kann nur vereint bleiben, wenn ein Feind da ist – ob echt oder unecht macht dabei keinen Unterschied.

Die Menschen halten nur zusammen, wenn Haß da ist. Haß ist die stärkere Leidenschaft auf der Welt. Kreative Menschen sind rar, es gibt sie nur ab und zu einmal. Ein Maler, ein Dichter, ein Tänzer, ein Sänger – es sind sehr wenige, auf eine Million Menschen einer. Und der Rest der Menschheit – ist zerstörerisch.

Und die Zerstörung zeigt sich auf viele verschiedene Arten. Vieleicht bist du nicht in der Lage, das zu sehen, weil du dich daran gewöhnt hast. Wenn ein Mensch zum Beispiel ständig Lust hat zu essen; sich ständig vollstopft, dann ist er einfach destruktiv. Er erfreut sich daran, Essen zu vernichten. Frage die Psychologen, er ist einfach ein destruktiver Mensch. Kein kreativer Mensch wird je zuviel essen – das kann er gar nicht. Deine Zähne waren früher einmal deine Waffen. Der Mensch war lediglich ein Tier wie alle anderen Tiere, er hatte keine Bajonette, keine Schwerter, die Zähne waren seine Waffen gegen Gewalttätigkeiten. Jetzt kannst du niemanden einfach beißen, auf dieser Art kannst du deine Zähne nicht mehr gebrauchen; das sähe sehr verroht und häßlich aus.

Manchmal geschieht es, Menschen beißen sich – besonders die sogenannten Verliebten – hm? Was für eine Liebe ist das? Jene, die den tieferen Geheimnissen der Liebe nachgegangen sind, sagen, ein Kuß sei lediglich ein unechter Biß. Du möchtest beißen, aber deine Kultur, deine Zivilisiertheit hindern dich. Also gehst du nur so weit. Und wenn zwei Liebende mit dem Küssen zu weit gehen, kommt es zum Beißen. Wenn du dich dazu hinreißen läßt, nennst du es einen Liebesbiß. Was hat Liebe mit Beißen zu tun?

In einer der ältesten Schriften über die Liebe, dem Kamasutra von Vatsayana, wird die Schönheit des Liebesbisses beschrieben. Und es gibt so viele Arten des Liebesbisses, wie es Arten des Küssens gibt – französisch und dies und jenes. Der Liebesbiß hat seine eigene Methode, Technik und Kunst.

Deine Zähne sind deine geballte Feindseligkeit. Wenn du sie nicht benutzen darfst, ist der einzige Ausweg für einen zivilisierten Menschen, immer weiter zu essen, sich immer weiter vollzustopfen. Ein kreativer Mensch ist niemals ein Vielfraß. Und wenn jemand zu mir kommt und sagt: „Wie kann ich aufhören zu essen? Wie kann ich aufhören? – denn der Körper wird häßlich, er setzt zuviel Fett an, was soll ich dagegen tun?", dann ist mein Vorschlag: Bevor du nicht kreativ wirst, kannst du nicht damit aufhören. Diät einhalten, wird nicht helfen; früher oder später wirst du dich wieder durch Essen dafür rächen. Solange deine Energie nicht kreativ wird, wirst du dich weiter vollstopfen. So magst du es bisher noch nicht gesehen haben: Die Menschen sind zerstörerisch.

Woher kommt diese Zerstörungswut? Ihretwegen mußten die Christen den Teufel erfinden. Der Teufel ist nur ein

Sündenbock, um Gott zu entlasten, so daß Gott die reine Liebe und der Teufel der reine Haß bleiben kann. Aber im Leben ist nichts rein, alles ist vermischt. Leben und Tod sind vermischt, Liebe und Haß sind vermischt, Schöpferkraft und Zerstörungswut sind vermischt, Krieg und Frieden sind vermischt, Männer und Frauen sind vermischt. Es ist eine große Vermischung polarer Gegensätze.

Christus Wahl für die Liebe ist die Wahl eines positiven Verstandes. Christus ist sehr positiv; seine Religion ist positiv. Buddhas Wahl ist für das Negative, er ist ein negativer Verstand. Aber beide haben eine Wahl getroffen – und wenn du wählst, dann schließt du immer etwas aus.

Kabir ist mutig genug, absurd zu sein. Er sagt: „Gott ist beides: Liebe und Tod."

> *Öffne das Fenster zum Westen und verschwinde*
> *in deinem inneren Raum.*
> *In der Mitte deiner Brust ist eine offene Blume.*

> *Chet-kamal-dal ras piyo re.*

Genau im innersten Kern deines Wesens ist eine Lotusblume der Bewußtheit, voll vom Saft der Unsterblichkeit.

> *In der Mitte deiner Brust ist eine offene Blume.*

Aber diese Blume kannst du nur erfahren, wenn du Liebe und Tod zusammen erlebt hast – sonst nicht. Diese Blume erblüht nur, wenn die Liebe ihr die Nahrung gibt und der Tod sie wie der Regen benetzt. Wenn Liebe und Tod gemeinsam in die Blume eindringen, dann öffnet sie ihre Blätter – nicht eher. Das vollkommene Erblühen eines menschlichen Bewußtseins ist das von Liebe und Tod.

> *In der Mitte deiner Brust ist eine offene Blume.*
> *Trink den Nektar, der diese Blume umgibt.*

Das Original ist wunderschön: *Chet-kamal-dal ras piyo re* – „Werde dir der Blume bewußt, die du schon seit Ewigkeiten in dir trägst. Laß dich vom Tode aufwecken und laß die Liebe dein Erwachen mit Ekstase bereichern." Beide sind notwendig – den Schock des Todes brauchst du für dein Erwachen, ebenso brauchst du die Nahrung der Liebe. Wenn nur der Schock des Todes da ist, verfällst du in ein Koma. Wenn nur die Nahrung der Liebe da ist, verfällst du in Halluzinationen.

Der Schock des Todes wird dir nicht erlauben, in Halluzinationen zu verfallen, auf einen inneren LSD-Trip zu gehen. Und die Liebe und ihre Nahrung helfen dir, im Angesicht des Todes nicht zu verdorren, Du bleibst grün, weil die Liebe da ist, und wach, weil der Tod da ist.

Hast du das beobachtet? Wann immer du in Gefahr bist, ist deine Wachsamkeit erhöht. Das ist der Grund, warum manche Menschen die Gefahr lieben. Wenn du Auto fährst, entsteht ein Verlangen immer schneller zu fahren. Wenn du hundertsechzig Kilometer pro Stunde fährst, bist du hellwach. Alle Gedanken verschwinden – wenn du zweihundert Kilometer pro Stunde fährst, wie kannst du da denken? Der Verstand stoppt. Der Verstand kann es sich nicht erlauben zu denken, es ist zu gefährlich – der Gedanke kann dich ablenken, und dann ist der Tod da. Du mußt absolut wachsam sein, auf der Hut.

Deshalb gehen die Menschen Bergsteigen, es hilft dabei, bewußt zu sein. Vielleicht suchen sie gar nicht bewußt nach der Wachheit; aber die, die wissen, sagen, daß der Mensch die Gefahr sucht, weil er von dieser Wachheit fasziniert ist. Immer wenn der Tod in der Nähe ist, wirst du bewußt. Und immer wenn du liebst, blühst du auf.

Für sich allein wird die Liebe dich in Halluzinationen schicken, in Träume, Phantasien. Für sich allein wird der Tod dich bewußt machen, aber auch so verängstigen, daß du schrumpfst, daß deine innere Quelle versiegt. Beide zusammen sind notwendig. Und das ist die Methode Kabirs, und das ist auch meine Methode.

Die Arbeit, die wir hier tun, bereitet dich vor, und dann…

Öffne das Fenster zum Westen und verschwinde
am inneren Horizont deiner Liebe.

In der Mitte deiner Brust ist eine offene Blume.
Trink den Nektar, der diese Blume umgibt.
Wellen rollen heran…

Wenn du diese beiden Dinge erlaubst – wenn du dieses Paradox zuläßt, wenn du diese Absurdität zuläßt, daß Leben und Tod beide in dir fließen, Hand in Hand miteinander tanzen – dann, nur dann erlebst du…

Wellen rollen heran…

Das Original ist bei weitem besser: *Laha lehu ya tan man men* – „Laß das Göttliche diesen, eben diesen Körper überschwemmen." Dieser Körper der Buddha. Du mußt nirgendwo hingehen; du brauchst keinen Engelskörper, du mußt kein Engel werden. In genau diesem Körper, diesem gewöhnlichen Körper, geschieht das Außergewöhnliche. Erlaube einfach Liebe und Tod zusammen, und die Wellen rollen heran, Wellen aus dem Jenseits.

Lahar lehu ya tan man men.

Und dieser Körper wird zu einem Tanz, einer Schwingung, einem Strömen von Energie, einem Pulsieren. Er atmet das Göttliche ein, er ist im Einklang mit dem Göttlichen. Dann ist dieser Körper transformiert. Dann ist dieser Körper der Buddha.

Wellen rollen heran:
es ist eine solche Herrlichkeit nahe dem Ozean.

Wenn du beide, Liebe und Tod, zuläßt, kommst du zum ersten Mal der Unendlichkeit, der ozeanischen Weite der Existenz näher. Und Wellen werden kommen und dich überfluten. In diesem Untergehen wirst du dich selbst finden. Indem du verschwindest, wirst du zum ersten Mal sein. Ja, als getrenntes Individuum existierst du nicht länger; du verlierst deine Definition, du wirst nicht mehr dieses und jenes sein. Aber du wirst alles sein.

Horch – der Klang riesiger Muscheln!

Kabir sagt: „Wenn du mir bis jetzt gefolgt bist und wenn du das Fenster zum Westen geöffnet hast, wenn du bereit bist, in der Liebe zu verschwinden, dann…

Horch – Der Klang riesiger Muscheln! Klang der Glocken!
Kabir sagt: „Freund, höre,
das ist, was ich zu sagen habe:
Der Gast, den ich liebe, ist in meinem Inneren!"

Der Gastgeber ist der Gast selbst. Wenn sich Liebe und Tod in in dir begegnen, dann erkennst du Gast und Gastgeber als einen. Der Gast ist nicht von dir getrennt. Du hast unnötigerweise auf ihn gewartet, er wird niemals kommen, er ist bereits in deinem Inneren. Er kann gar nicht kommen. Er ist bereits da; von Anfang an war er bereits in deinem Inneren. Er ist *du;* der Sucher ist das Gesuchte; der Beobachter ist das Beobachtete; der Meditierende ist das, worüber er meditiert. Aber die Trennung zwischen dem Meditierenden und dem Objekt seiner Meditation, dem Sucher und dem Gesuchten, dem Wissenden und dem Wissen, dem Gastgeber und dem Gast besteht.

Warum diese Trennung? Die Trennung kommt von der inneren und weit tieferen Trennung, der Trennung zwischen Liebe und Tod. Wenn diese Abgrenzung verschwindet, verschwinden alle Grenzen. Laßt mich das wiederholen: Es gibt nur eine Trennung im Leben, und das ist die Trennung zwischen Liebe und Tod. Alle anderen Trennungen sind nur Randerscheinungen davon. Wenn diese grundlegende Trennung einmal nicht mehr da ist, dann verschwinden alle Trennungen von selbst; sie verlieren ihre Grundlage.

> *Kabir sagt: „Freund, höre,*
> *das ist, was ich zu sagen habe:*
> *Der Gast, den ich liebe, ist in meinem Inneren!"*

Er ist ich. Ich bin es.

> *Freund, hoffe auf den Gast, solange du noch lebst.*

> *Sadho bhai, jivat hi karo asha.*

Kabir sagt, die Menschen schieben alles hinaus, sie leben im ständigen Hinauszögern. Die Leute leben im Morgen – sie sagen: „Ja, wenn der Tod kommt, dann versuchen wir es." Aber es wird dir nicht möglich sein, wenn der Tod kommt; du wirst nicht darauf vorbereitet sein. Und der Tod kommt so plötzlich. Der Tod ist immer ein Unfall, denn er kommt, ohne dich zu informieren, ohne Vorwarnung. Wenn er kommt, dann ist er da – plötzlich, und alles ist aus. Solange dein ganzes Leben keine Vorbereitung darauf war, wirst du es verpassen; solange dein Leben kein Lernen darüber war, wie man stirbt, solange du nicht jede Gelegenheit ergriffen hast, in der Liebe zu sterben, in Freundschaft, in Vertrauen, in Hingabe, wirst du ihn verpassen.

Deine Mutter stirbt: Verpasse die Gelegenheit nicht. Wenn ein Sannyasin zu mir kommt und sagt: „Meine Mutter liegt im Sterben. Mein Vater stirbt." Dann sage ich ihm: „Geh hin, sei bei deinem sterbenden Vater und erfahre den Tod." Man schwindet dahin. Man möchte sich an der Gewißheit festhalten: „Mein Vater stirbt, ich nicht."

„Der Tod jedes Menschen verringert mich, denn ich bin in der Menschheit enthalten; und deshalb versuche nie, herauszubekommen, wem die Glocke schlägt – sie schlägt für dich."

Sogar im Tod eines Fremden stirbst du mit. Wann immer der Tod da ist, komm näher, laß dich darauf ein, erlaube ihn, laß ihn mit dir geschehen. Wenn dein Vater stirbt, wenn sein Atem schwer wird, fühle es, fühle mit ihm mit. Fühle das, was er fühlt, werde er, und laß den Tod auch dir widerfahren. Du wirst dadurch unglaublich viel gewinnen. Du wirst deinem Vater für sein Leben dankbar sein, und für seinen Tod ebenso – er hat dir viel gegeben, als er noch lebte; er hat dir sogar noch mehr gegeben, als er starb.

Wenn deine Frau stirbt, wenn dein Mann stirbt, sei ihnen nahe. Fühl den Herzschlag des sterbenden Freundes, des Geliebten, der Geliebten – mache diese Erfahrung zu deiner Erfahrung. Und nach und nach, wenn du den Tod in seinen vielfältigen Formen kennst, wirst du ihn als einen Freund erkennen, nicht mehr als einen Feind; als eine tiefe Ruhe und Entspannung. Er ist *nicht* gegen das Leben. Nur durch den Tod wird das Leben möglich. Ohne den Tod wäre das Leben nicht möglich.

Wenn die Rose am Abend vergeht, wenn ihre Blütenblätter fallen, setz dich hin und meditiere. Fühle dich wie eine Blume, deren Blätter fallen. Am frühen Morgen, wenn die Sonne aufgeht und die Sterne verblassen, stell dir vor, du verblaßt mit den Sternen. Und wenn die Sonne dann aufgegangen ist und die Tautropfen auf dem Gras verdunsten, dann fühle, wie du mit den Tautropfen verdunstest. Fühle den Tod auf so viele Arten wie nur möglich. Werde zu einem großen Kenner des Todes.

Und das Gleiche mußt du auch mit der Liebe tun. Erfahre nicht nur deine Liebe, erfahre auch die Liebe der anderen. Zwei Liebende gehen vorbei, sie sind Hand in Hand, in einer tiefen Kommunion; laß dich davon rühren. Normalerweise werden die Menschen neidisch und sind dagegen. Liebende sind nicht erlaubt. Wenn sich zwei Liebende auf der Straße umarmen, kommt ganz sicher die Polizei und nimmt sie mit. In entwickelten Ländern schreitet vielleicht niemand mehr ein, aber niemandem gefällt es. Die Menschen fühlen sich davon belästigt.

Warum stört euch die Liebe? Die Liebe sollte ein Segen sein. Immer wenn sich zwei Menschen lieben, solltest du dich genährt fühlen. Liebe geschieht, eine Blume ist erblüht, und du fühlst dich belästigt? Lasse keine Gelegenheit aus. Wann immer Liebe geschieht, wird große Energie freigesetzt. Gott ist gegenwärtig.

Aber hast du es beobachtet? Die Menschen fühlen sich gestört. Und wenn jemand den Liebenden zu nahe kommt, fühlen sie sich belästigt. Wenn jemand anhält und sich an den Liebenden erfreut, fühlen sie sich gestört. – Was machst du da? Es ist dir nur gestattet, ein paar Sekunden zuzuschauen, alles andere ist unhöflich. Dann mußt du weitergehen, du darfst nicht einmal zurückschauen. Du darfst den Liebenden nicht zu nahe kommen und dich für ihre tiefe Liebe bedanken. Du gehst nicht zu den Liebenden, um ihre Hand zu halten und still deine Dankbarkeit auszudrücken. Nein, du gehst lediglich ein wenig schneller. Du vermeidest sie. Du fängst an, woanders hinzuschauen, etwas anderes anzuschauen; du tust so, als hättest du sie gar nicht gesehen.

Was für ein Unsinn ist das? Du hast eine Gelegenheit verpaßt. Es ist so, als wäre ein Lotus aufgeblüht, und du schaust woanders hin. Wie kannst du einen blühenden Lotus anschauen? – Es ist so unhöflich. Es ist so, als wenn der Mond am Himmel steht und du darfst ihn nicht anschauen, weil deine Kultur es dir verbietet.

Liebe ist die größte Blüte auf dieser Erde. Keine Rose kann je so schön sein, wie die Energie zwischen zwei Liebenden. Du brauchst Augen, um sie zu erkennen, und dein Herz, um sie zu fühlen. Der Mond ist nichts gegen das Licht, das zwischen zwei Liebenden leuchtet.

Gib dir Nahrung durch alle möglichen Erfahrungen der Liebe. Liebe und Tod müssen beide erfahren werden, dann wirst du reich sein. Dann wirst du Höhepunkte der Freude erleben. Dann erst wirst du Gott erkennen können – denn Gott ist die Erfahrung von Liebe und Tod, von beiden zusammen in einem einzigen Augenblick.

Kabir sagt:

Sadho bhai, jivat hi karo asha.

Hoffe, während du lebst. Tu etwas, während du lebst!

Freud, hoffe auf den Gast, solange du noch lebst.

Verschiebe es nicht. Die Menschen verschieben es ständig – sie sagen: „Ja, ja, wenn die Zeit kommt, machen wir es schon, wir werden beten, wir werden meditieren. Und ich bin noch jung, der Tod ist noch weit entfernt." Ganze Philosophien sind entwickelt worden. Die Menschen haben mehr Interesse daran, was nach dem Tod geschieht, als daran, was vor dem Tod geschieht. Hunderte von Büchern sind in allen Sprachen auf der ganzen Welt über die Geheimnisse nach dem Tod geschrieben worden. Die Menschen sind sehr daran interessiert.

Leute kommen zu mir, schreiben mir Briefe darüber: „Sag uns, was geschieht nach dem Tod?" Und ich sage ihnen: „Erfahre erst einmal, was vor dem Tod geschieht!" Das „Danach" ist keine wesentliche Frage. Du lebst: Schau doch erst einmal, was gerade geschieht. Aber am Hier und Jetzt sind sie nicht interessiert; ihr Verstand webt bereits an der Zukunft herum. Der Verstand ist eine Ablenkung von der Wirklichkeit.

Freund, hoffe auf den Gast, solange du noch lebst.
Tauche in Erfahrung ein, solange du noch lebst.
Denke daran, vergiß es nicht, solange du noch lebst.

Kabir schockierte die sogenannten religiösen Menschen sehr. Alle wirklich religiösen Menschen verstören die sogenannten Religiösen – sie sind keine Politiker, sie sind keine Diplomaten, sie nennen die Dinge einfach beim Namen. Sie sagen einfach die Wahrheit.

Neulich habe ich folgende Geschichte gelesen:
Ein Britischer Minister und ein Büroangestellter fuhren aufs Land. Unterwegs fuhr ihr Fahrer links heran und sagte zu dem Minister: „Verzeihen Sie, Sir, aber ich habe mich verfahren." Der Minister kurbelte die Fensterscheibe herunter, um einen Mann am Straßenrand zu fragen: „Guter Mann, können Sie mir sagen, wo ich bin?" Der Mann schaute ihn an und entgegnete kühl: „Aber sicher, Sir, in Ihrem Auto."

Der Minister wurde rot im Gesicht, doch der Büroangestellte sagte sanft, aber dennoch bestimmt: „Entschuldigen Sie, Sir, aber ich finde die Antwort sehr treffend."

„Wie das?", fuhr der Minister ihn an. Worauf der Büroangestellte erwiderte: „Sie ist kurz, akkurat und läßt keinen Widerspruch aufkommen."

Der wirkliche religiöse Mensch ist ein Rebell, er erzeugt viel Widerspruch. Er ist umstritten. Kabir hat viele Streitfragen aufgeworfen, während er lebte; denn jahrhundertelang hat sich der indische Verstand damit beschäftigt, was nach dem Tod geschieht. Der indische Verstand hat sich so sehr auf das Leben nach dem Tod konzentriert, daß er vollkommen vergessen hat, im Jetzt zu leben. Er hat vollkommen vergessen, wie man in diesem Moment leben kann; das Leben nach dem Tod ist seine Besessenheit geworden.

Kabir sagt:

Freund, hoffe auf den Gast, solange du noch lebst.

Glaube nicht, daß du nach dem Tod ins Paradies, in den Himmel kommst. Egal, wo du auch bist, du wirst der Gleiche bleiben. Der Tod wird nichts verwandeln, es sei denn, du bist bereits durch die Erfahrung des Lebens und des Todes in jedem Moment bereichert worden.

Tauche in Erfahrung ein, solange du noch lebst.
Denke daran, vergiß es nicht, solange du noch lebst.

Jivat samaze jivat booze.

Das Original ist bei weitem tiefgehender als die Übersetzung. In ihr heißt es nicht: „Denke daran, vergiß es nicht, solange du noch lebst." Er sagt: „Verstehe und sei" – *Jivat samaze jivat booze*. Verstehen ist nicht Denken. Verstehen kommt mehr aus dem Herzen als aus dem Kopf heraus – es ist eher eine Einsicht, eine Erfahrung, als ein intellektuelles Argument. Es ist kein „Darübernachdenken", es bedeutet, in die Dinge einzudringen, sie zu erfahren und zu verstehen

Liebe, soviel du kannst, dann wirst du verstehen, was

Liebe ist. Indem du über die Liebe nachdenkst, wirst du nichts verstehen – du wirst immer nur drumherumgehen und den Kern davon niemals berühren. Du kannst viel über die Liebe lesen; viele Bücher sind darüber geschrieben worden. Du kannst in die Bücherei gehen und Bücher befragen. Da gibt es Tausende von Bänden über die Liebe, und fast alle wurden von Menschen geschrieben, die die Liebe niemals erfahren haben. Denn wer der die Liebe kennt, gibt sich nicht damit ab, darüber zu schreiben. Er wird keine Gedichte über die Liebe schreiben, er wird die Poesie der Liebe leben. Die Menschen, die Gedichte über die Liebe schreiben, haben die Liebe selbst verpaßt, sie schaffen sich einen Ersatz: ihre Gedichte sind dieser Ersatz.

Jivat samaze: Verstehen kommt durch das Leben und aus der Erfahrung des Lebens. *Jivat booze:* Wenn Verstehen geschieht, ist es nicht so, daß du Wissen über die Liebe erlangst – du wirst zu Liebe. Das ist der Unterschied zwischen Wissen und Verstehen. Wenn Wissen da ist, bist du dennoch davon getrennt. Wenn Verstehen geschieht, wirst du eins damit.

„Verstehe und sei", sagt Kabir.

> *Was du „Erlösung" nennst,*
> *gehört in die Zeit vor deinem Tod.*

Warte nicht auf die Erlösung nach dem Tod. Die Erlösung geschieht hier, denn sie geschieht durch Erfahrung. Erlösung geschieht nicht durch Verzicht, Erlösung geschieht nicht durch Tugend, nicht dadurch, daß du anderen Gutes tust. Erlösung geschieht, wenn du das Leben so tief, so intensiv, so leidenschaftlich wie möglich auskostest. Tugend entsteht aus einem leidenschaftlich gelebten Leben. Das Gute geschieht den Menschen sowieso, es liegt in der Natur der Dinge selbst, von deiner Seite aus brauchst du nichts dazu zu tun.

Der Samariter ist kein guter Mensch, und der gute Mensch ist niemals ein Samariter. Ein guter Mensch ist jemand, dem Gott wie ein Schatten folgt. Er hat nicht die Absicht, er ist nicht versessen darauf, jemandem zu dienen, aber sein Leben wird zum Dienst. Es geschieht ganz mühelos.

Was du „Erlösung" nennst,
gehört in die Zeit vor deinem Tod.

Denn dein Körper ist eine Gelegenheit, Erfahrungen zu machen, dein Geist ist eine Gelegenheit, Erfahrungen zu machen. Sie sind Gelegenheiten, Geschenke Gottes – und du verpaßt sie immer wieder. Erlebe so viel, wie du kannst, erfahre alles, was möglich ist, sei nicht furchtsam und scheu. Fürchte *nichts.* Was immer deine Aufmerksamkeit fesselt, was immer dich neugierig macht – dem setze dich aus. Hab keine Angst, Fehler zu begehen. Sei kein Feigling – denn nur die Menschen wachsen, die bereit sind, so viele Fehler wie nötig zu begehen. Die Menschen, die Fehler vermeiden, bleiben stecken und werden nie erwachsen. Wachstum kommt durch viele Fehler, Fehler sind ein Teil des Wachstums.

Was du „Erlösung" nennst,
gehört in die Zeit vor deinem Tod.
Wenn du die Fesseln jetzt nicht löst,
glaubst du, die Geister
tun es für dich – nach deinem Tode?

Wenn du die Wahrheit zu Lebzeiten nicht erkannt hast, wie sollst du sie dann erkennen, wenn du tot bist? Das Leben gibt dir dreidimensionale Möglichkeiten – die des Körpers, des Geistes und der Seele. Der Tod wird dir zwei Dimensionen nehmen – dein Leben wird eindimensional werden, es ist nur noch das Leben der Seele. Diese dreidimensionale

Schule des Lebens ist die größte Gelegenheit zu erfahren, zu verstehen, zu sein.

Zu denken, daß die Seele sich mit der Ekstase vereint,
nur weil der Körper verrottet –
das alles ist Einbildung.
Was du jetzt findest, wirst du auch dann finden.

Abahuu mila to tabahun milega.

Nur wenn du es jetzt begreifst, wirst du es dann begreifen. Kabir legte große Betonung darauf, im Hier und Jetzt zu leben.

Aber die Menschen sind mehr an Phantasien, mehr an Träumen interessiert. Am Wachstum sind die Menschen nicht wirklich interessiert; sie interessieren sich mehr dafür, Licht zu sehen, Visionen zu haben, innere Stimmen zu hören, die Kundalini aufsteigen zu fühlen, Wunder zu erleben, für das Öffnen der Chakras. Für den Unsinn interessieren sie sich mehr.

Ein Schüler schrieb regelmäßig an seinen Meister, um ihm den Fortschritt seiner spirituellen Entwicklung anhand von kurzen schriftlichen Zusammenfassungen mitzuteilen.

Im ersten Brief schrieb er: „Ich spüre eine große Erweiterung meiner inneren Bewußtheit." Der Meister warf den Brief in den Papierkorb.

Der zweite Brief besagte: „Ich sehe jetzt, daß alle Dinge untereinander verbunden sind, Teile voneinander sind." Der Meister blieb gleichgültig.

Als nächstes kam: „Gott ist in allem." Und der Meister gähnte.

Danach hieß es: „Jedes Ding im Universum ist die Essenz des Perfekten." Und der Meister schaute kaum hin.

Dann schrieb er: „Alle meine Handlungen, sogar die trivialsten, sind profunder Ausdruck von Spiritualität." Und als er das las, sagte der Meister: „Ho-hum."

Und dann: „Ich schreibe dir aus einem ekstatischen Zustand von zeitlosen Glück heraus." Und der Meister öffnete den Brief nicht einmal.

Aber danach gab es eine Lücke in der Kommunikation. Deshalb schrieb der Meister nach einer Weile an den Schüler und erinnerte ihn daran, daß er vergessen habe, den gegenwärtigen Stand seines spirituellen Fortschritts zu beschreiben. Er schrieb zurück: „Was soll's?" Und der Meister lachte laut und freute sich, denn das war wirklich spiritueller Fortschritt.

Werde nicht zum Opfer von Phantasien. Spiritualität ist keine sensationelle Erfahrung – sie ist Reife, Loslassen, sie besteht darin, wunschlos zu werden. Eigentlich wird nichts dabei erfahren. Spiritualität ist nicht wirklich eine Erfahrung, weil alle Erfahrungen zwanngsläufig von dem, der sie erfährt, getrennt sind. Spiritualität ist das Verschwinden aller Erfahrungen. Du bleibst alleine zurück, ohne ein Objekt in deinem Bewußtsein; das Bewußtsein ist so rein wie ein Spiegel, und nichts wird darin gespiegelt.

Dieses spiegelgleiche Bewußtsein, das nichts widerspiegelt, ist Spiritualität. Und es kann nur jetzt geschehen. Jetzt oder nie.

Abahuu mila ta tabahun milega.

Was du jetzt findest, wirst du auch dann finden.

*Wenn du jetzt nichts findest, endest du lediglich
in einer Unterkunft der Stadt des Todes.
Aber wenn du das Göttliche jetzt liebend umarmst,
dann hast du im nächsten Leben
das Antlitz befriedigten Verlangens.*

36

Aber lieben mußt du jetzt. Es gibt keine andere Zeit. Jetzt ist die einzige Zeit. Und außer dem Hier gibt es keinen anderen Raum. Wenn du das Göttliche umarmen möchtest, tue es jetzt. Red nicht von „morgen", sag niemals „später", sag nicht „im nächsten Leben". Schieb es nicht heraus. Herausschieben ist eine der größten Beleidigungen Gottes und der Existenz.

Gott ist jetzt für dich bereit. Und du sagst „morgen"? Gott möchte dich genau in diesem Moment lieben, und du sagst „morgen"? Das heißt, die Existenz beleidigen – und das hast du schon seit vielen Leben getan. Das ist die Sünde, die eigentliche Sünde.

Aber wenn du das Göttliche jetzt liebend umarmst,
dann hast du im nächsten Leben
das Antlitz befriedigten Verlangens

Was ist ein befriedigtes Verlangen? Wunschlosigkeit ist befriedigtes Verlangen. Wenn das Verlangen verschwindet, dann ist Zufriedenheit da. Und das Verlangen kann erst verschwinden, wenn du dich Gott hingegeben hast. Keine andere Erfahrung wird dich befriedigen. Tatsächlich ist die Definition Gottes nichts anderes als die Erfahrung, die dich so vollständig befriedigt, daß niemals mehr Verlangen aufkommt. Diese Erfahrung ist Gott: die höchste Erfahrung, die dich für immer und alle Zeit zufrieden zurückläßt.

Also tauche in die Wahrheit ein.
Finde den Lehrer,
glaube an den großen Klang.

Satt gahai satguru ko chinhen.

Eine große Aussage: „Akzeptiere die Wahrheit und

erkenne den Meister." Was meint Kabir mit diesen Worten?

Satt gahai satguru ko chinhen.

Laß allen Glauben fallen, er ist nicht wahr. Laß die Philosophien fallen, sie sind nicht wahr. Verbrenne alle deine Schriften, sie stimmen nicht. Nur in der Stille liegt Wahrheit. Ein Verstand, der stillsteht, der nicht vorhanden ist, das ist die Wahrheit. *Satt gahai:* Die Wahrheit ist in deinem Inneren und du suchst sie außen. Alles Suchen außerhalb von dir wird dich von einer Lüge zur anderen führen. Du kannst damit weitermachen, deine Lügen zu verändern, deine Kirchen zu wechseln, das wird dir nicht helfen. Laß alle äußere Suche fallen.

Öffne das Fenster zum Westen, und verschwinde
in deinem inneren Raum, am Horizont deiner Liebe.

Das ist der Ort, wo die Wahrheit sich aufhält – die Wahrheit lebt in deiner inneren Stille. Laß die Gedanken verschwinden. *Satt gahai:* Wenn die Gedanken verschwunden sind, wirst du wissen, was Wahrheit ist. Und wenn du begonnen hast, ein wenig von deiner inneren Wahrheit zu kosten, nur dann kannst du den Meister erkennen.

Ein Student kann den Meister nicht erkennen, das kann nur der Schüler. Der Unterschied ist groß. Ein Student schaut mit dem Kopf – er denkt, argumentiert dafür und dagegen. Ein Schüler sieht mit dem Herzen – er schaut, beobachtet, ohne Vorurteile. In diesem vorurteilslosen Zustand beginnt etwas vom Meister in den Schüler überzufließen, eine Schwingung. Es gibt kein besseres Wort dafür als Schwingung – eine Schwingung, für jeden anderen unsichtbar, geht auf den Schüler über. Der Meister und der Schüler, beide wissen, daß es geschehen ist, sie haben eine Brücke zueinander geschlagen.

Aber zum Schüler kannst du nur werden, wenn du meditierst. Wenn du nur nachdenkst, wirst du nie zum Schüler werden. Meditation wird dir einen Schimmer, einen kleinen Geschmack davon geben, daß die Wahrheit in deinem Inneren ist; jetzt brauchst du jemanden, der dich ganz in dein Inneres hineinwerfen kann. Von selbst wird es dir schwerfallen, in dein Innerstes zu gehen, weil du damit in Liebe und Tod hineingehst, und das macht dir Angst, das erzeugt Furcht.

Der Meister gibt dir gar nichts, er gibt dir lediglich dein eigenes Wesen. Er gibt dir das, was du schon hast. Er nimmt dir sicher etwas – deine Angst, dein mangelndes Selbstvertrauen, deine Zweifel an deinen Fähigkeiten, an deinen Möglichkeiten, deinem Potential. Er nimmt dir deine Zweifel.

Kabir sagt: *Satt gahai satguru ko chinhen.* Du mußt nur zwei Dinge tun: Fange an, nach innen zu gehen, und erkenne den Meister.

Also tauche in die Wahrheit ein.
Finde den Lehrer,
glaube an den großen Klang.

Und wenn Meister und Schüler sich begegnen, entsteht große Musik, eine Melodie wird geboren – denn dies ist das harmonischste Ereignis auf der ganzen Welt. Ja, es ist tiefer als das, was zwischen zwei Liebenden geschieht, denn die Begegnung zweier Liebender ist normalerweise die Begegnung von zwei Körpern oder im höchsten Falle die Begegnung von Geist zu Geist. Die Begegnung von Meister und Schüler aber ist eine Begegnung von zwei Seelen – sie ist die tiefste Liebe, die möglich ist. Wenn sie geschieht, vernimmst du große Musik.

Das ist „das Wort" von dem die Bibel spricht: „Am

Anfang war Gott, und Gott war mit dem Wort, Gott war das Wort." Das ist das Wort oder der Klang oder das, was die Zen-Mönche „das Klatschen der einen Hand" nennen.

Meister und Schüler werden eins. Und dann entsteht der Klang – eine Hand klatscht. Aus diesem Klang besteht das Universum. Dieser Klang, *aumkar* genannt, der Klang *aum*, der Klang aller Klänge, der höchste Klang – aus diesem Klang besteht das Universum. Die Physiker sagen, das Universum besteht aus Elektrizität, und Klang ist eine Form von Elektrizität. Die Mystiker sagen, die Existenz besteht aus Klang, und Elektrizität ist eine Form von Klang. Vielleicht drücken sie das Gleiche auf zwei Arten aus, betrachten es von verschiedenen Gesichtspunkten, aber die Mystiker und die moderne Physik stimmen überein.

Zum ersten Mal in der Geschichte der Menschheit sind Mystiker und Wissenschaftler zu einer unglaublichen Übereinkunft gekommen. Diese Übereinkunft ist von großer Bedeutung – sie läutet ein neues Zeitalter ein, sie wird der Beginn neuer Schritte und einer neuen Reise sein.

Tauche in die Wahrheit ein.
Finde den Lehrer,
glaube an den großen Klang.

Kabir sagt dies:
Wenn du den Gast suchst,
ist es die Leidenschaft deines Verlangens,
die die ganze Arbeit tut.
Schau mich an…
und du siehst einen Sklaven dieser Leidenschaft.

Ein leidenschaftliches Verlangen nach Gott – so intensiv, so vollkommen, daß du nur noch von einem brennenden Wunsch erfüllt bist, alles andere verschwindet.

Ein Mann kam zu Baba Farid, einem Sufi-Mystiker. Der Mann sagte: „Ich habe gehört, du hättest Gott erfahren. Ich komme von weit her. Sage mir, was Gott ist, und wie ich ihn erfahren kann."

Farid antwortete: „Ich wollte gerade zum Fluß gehen, um mein Morgenbad zu nehmen. Komm mit, und wenn möglich, beantworte ich dort deine Frage."

Der Sucher sah etwas verwirrt aus: „Warum kann er nicht sofort antworten? Warum wollte er am Fluß antworten?" Aber er hatte gehört, Mystiker seien ekzentrische Menschen: „Vielleicht ist das so eine Idee dieses Verrückten…" – er folgte ihm.

Farid sagte zu ihm: „Wirfst auch du deine Kleider ab, sei nackt und komm in den Fluß. Vielleicht kann ich dir dann antworten." Der Mann dachte: „Das geht zu weit: Die Kleider ablegen?" Aber es war sonst niemand am Ufer, also dachte er: „Warum nicht?" Er warf seine Kleider ab und sprang in den Fluß.

Farid war ein sehr starker Mann. Er warf sich auf den Sucher und begann, ihn unterzutauchen; er drückte wirklich mit aller Kraft. Der Sucher war ein sehr dünner, schwacher Mann – er muß ein Philosoph gewesen sein, er muß zuviel gedacht haben und sich nicht viel um seinen Körper gekümmert haben – und Farid war dabei, ihn umzubringen, ihn zu ermorden. Aber nur eine Minute lang…, dann schleuderte der dünne schwache Mann Farid von sich weg. Er versuchte so sehr, wieder aufzutauchen, daß Farid ihn nicht länger unter Wasser halten konnte.

Dann schauten sie einander an. Der Mann verstand überhaupt nichts mehr. Er sagte: „Es ist ja meine eigene Schuld, daß ich dir gefolgt bin; ich hätte klüger sein sollen. Du bist verrückt. Was hast du getan? Du wolltest mich umbringen!"

Farid sagte: „Zu diesen Dingen kommen wir später.

Zuerst möchte ich dir folgende Frage stellen: Wieviele Gedanken hattest du, als ich dich unter Wasser tauchte?"

Der Mann sagte: „Gedanken? Da war bloß ein Gedanke, und das war eigentlich auch kein Gedanke – ‚Wie komme ich hier raus?' Und das war auch kein Gedanke, es hat mein ganzes Wesen eingenommen, mein ganzes Wesen durchdrungen, jede Zelle meines Körpers durchdrungen. Es war kein Gedanke."

Farid sagte: „Das hast du also verstanden. Wenn du Gott auch so leidenschaftlich begehrst, dann erst wirst du ihn erkennen, vorher nicht."

Gott ist keine philosophische Idee; er ist die Erfahrung glühender Leidenschaft.

Kabir sagt:

> *Wenn du den Gast suchst,*
> *ist es die Leidenschaft deines Verlangens,*
> *die die ganze Arbeit tut.*

Du brauchst nichts anderes – keine Methode, keine Technik. Wenn die Leidenschaft groß ist, wird sie die Arbeit tun. Alle Methoden und Techniken helfen nur dabei, diese Leidenschaft zu entfachen. Sie helfen dir nicht, zu Gott zu gelangen, sie entflammen dich nur mehr und mehr.

Der Meister kann dir nicht helfen, Gott zu erkennen, er kann nur großen Durst in dir erzeugen. Er kann dir seinen Durst eingeben, sein Feuer an dich abgeben, deine Flamme schüren. Und das wird dann die Arbeit tun. Wenn du einmal in Flammen stehst, gibt es kein Problem mehr, dann wird es einfach geschehen.

> *Schau mich an… sagt Kabir.*
> *Und du siehst einen Sklaven dieser Leidenschaft.*

Diese Leidenschaft zerschlägt den Knoten, diese Leidenschaft wird zum Schwert. Mit einem einzigen Streich wirst du nicht mehr der alte sein, du wirst ein neuer Mensch werden. Und das ist die Art der Arbeit, an die Kabir glaubt. Er sagt zu seinen Schülern: „Kommt nur dann mit mir, wenn ihr bereit seid, euer Haus anzuzünden. Kommt nur dann mit mir, wenn ihr bereit seid, euch den Kopf abzuhauen."

Er ist nicht daran interessiert, das Problem zu lösen, er ist daran interessiert, das Problem vollständig zu zerstören.

Ich habe eine kleine Geschichte gehört:

Es war einmal ein Mann namens Gordon. Als er noch ein kleiner Junge war, banden seine Eltern ihm einen Affen auf die Brust. Jeden Tag machten sie den Knoten fester und komplizierter, bis der Affe fast zu einem Teil von Gordons Körper geworden war. Mit dieser Behinderung war es schwierig für Gordon, mit anderen Kindern zu spielen, und als er älter wurde, behinderte es sein Leben sogar noch mehr. Also entschloß er sich, einen Arzt aufzusuchen, um den Affen loszuwerden.

Der erste Arzt, zu dem er ging, sagte: „Nun, vielleicht kann ich etwas ausrichten, wenn Sie still liegen bleiben und nicht widersprechen." Also verging Woche für Woche, und Gordon lag still, während der Arzt versuchte, den Knoten zu lösen. Nach ein paar Jahren gab es zwar einige lose Enden, aber der Knoten hielt noch immer. Dann hatte Gordon den Doktor satt und ging nicht mehr hin.

Der nächste Arzt schaute sich den Knoten sorgfältig an und sagte dann: „Das ist schauderhaft. Das ist nicht nur ein Knoten, das ist ein doppelter Knoten." Er war ein guter Arzt, aber den Knoten konnte er nicht lösen.

Gordon ging zu einem dritten Arzt. Der Arzt schaute den Knoten sorgfältig an, nahm ein Schwert und schlug mit einem Streich den Knoten mittendurch. Das Seil fiel herunter, und der Affe rannte weg. Als der erste Arzt davon erfuhr, kam er, um sich die Sache anzuschauen.

Er sagte: „Das ist nicht fair. Sie sollten ihn entwirren. Und überhaupt, Gordon hat jetzt einen großen weißen Flekken, wo der Affe einstmals war. Und zum zweiten Arzt sagte er: „Kein Grund zur Beunruhigung, er ist sowieso nicht für immer weg. Gordon ist bestimmt bald wieder in Behandlung." Und Gordon sagte zum dritten Arzt: „Er hat recht, das war Betrug. Sie hätten ihn entwirren sollen. Und ich habe wirklich einen großen weißen Flecken, wo der Affe einmal war. Und außerdem vermisse ich meinen Affen."

Also sagte der dritte Arzt: „ Ich sage Ihnen etwas. Wir wollen Spaß haben. Wir malen Bilder auf die weiße Stelle, wo der Affe war." Also fingen sie an, Muster und Bilder auf den weißen Flecken zu malen. Anfangs mochte Gordon diese Idee nicht, aber bald schon gefiel sie ihm. „Es sind nur Wasserfarben", sagte der dritte Arzt, „und man kann sie jederzeit abwaschen. Aber mit der Zeit wird die weiße Stelle sowieso verschwinden, und Sie werden wie jeder andere aussehen."

Aber als Gordons Freunde erfuhren, wie Gordon sich vergnügte, sagten sie: „Wie ungebührlich, wie scheußlich, wie zynisch. Jeder weiß, daß man sich so nicht vergnügen soll. Warum kann er sich nicht an die üblichen Methoden des Vergnügens halten?"

Denkt daran, so ist es auf der Welt. Eure Psychoanalytiker, eure Ratgeber, eure Therapeuten, alle versuchen den Knoten zu entwirren. Und durch den Versuch, den Knoten zu lösen, werden die Dinge noch verwirrter.

Kabir hält viel davon, den Knoten mit einem Streich zu durchtrennen. Und so kann man es machen – es ist sogar die einzige Art, wie man es machen kann. Aber die Gelehrten und die Besserwisser waren mit Kabir gar nicht glücklich. Sie sagten: „Das ist unfair. Der Knoten muß entwirrt werden. Und die Menschen, deren Knoten durchschnitten wurden, mögen es gar nicht, wenn ihre Knoten durchtrennt sind. Sie vermissen ihren Affen, und dann ist da ja auch noch der weiße Fleck.

Die Geschichte ist wunderschön. Es ist nicht die Geschichte von jemand anderem, es ist *deine* Geschichte. Und alle Eltern, alle Gesellschaften, alle Kulturen binden dir einen Affen auf und verknoten ihn fest mit dir. Genau das ist dein Wissen; genau das ist dein Verstand, ein Affe, den dir die Gesellschaft aufgebunden hat. Der Verstand muß durchtrennt werden – und die Psychoanalyse und ähnliche Dinge, versuchen immer weiter, ihn zu entwirren.

Hast du jemals einen Menschen gesehen, der mit einer Psychoanalyse fertig geworden ist? Das ist unmöglich, denn der Verstand ist nicht einfach eine Mülltonne, die, wenn du den Müll daraus beseitigt hast, eines Tages leer sein wird. Nein, der Verstand selbst erzeugt den Müll. Es ist nicht einfach, denn während du ihn ausleerst, produziert er weiter Müll – frischen Müll, mehr und besseren Abfall. Er produziert immer weiter. Nur wenige Momente lang wirst du eine Erleichterung spüren, dann ist der Müll wieder da. Kein Mensch ist vollständig analysiert, kein Mensch kann das jemals sein – denn die Psychoanalyse versucht, den Knoten zu entwirren.

Mystiker glauben an drastischere Methoden. Die Situation ist so verzweifelt, daß nur etwas Drastisches helfen kann. Ein Schwert ist vonnöten. Kabir ist ein Schwert. Und auch du kannst dir dein eigenes Schwert erschaffen. Das Schwert wird aus zwei Energien geschmiedet: Liebe und Tod.   aus der Reihe: „The Revolution"

Bereite dich auf den Tod vor

Wie können wir uns auf den Tod vorbereiten?

Horte nichts, gar nichts: nicht Macht, Geld, Prestige, Tugend, Wissen, nicht einmal sogenannte spirituelle Erfahrungen. Sammle nichts an. Wenn du nichts ansammelst, bist du bereit, in jedem Augenblick zu sterben, denn du hast nichts zu verlieren. Todesangst ist nicht wirklich Angst vor dem Tode; Todesangst entsteht aus den Ansammlungen des Lebens. Dann hast du zu viel zu verlieren, und du hängst daran. Das ist der Sinn von Jesus Ausspruch: Selig sind die Armen im Geiste.

Ich meine damit nicht, daß du ein Bettler werden sollst, und ich meine auch nicht, daß du der Welt entsagen sollst. Ich meine damit, daß du in der Welt sein sollst, ohne ihr anzugehören. Sammle nichts in dir an, sei arm im Geiste. Besitze nie etwas – dann bist du bereit zu sterben. Besitzstreben ist das Problem, nicht das Leben selbst. Je mehr du besitzt, desto größer ist die Angst, es zu verlieren. Wenn du nichts besitzt, wenn deine Reinheit, dein Geist nicht von irgendetwas vergiftet ist, wenn du einfach alleine da bist, dann kannst du in jedem Augenblick verschwinden; wann auch immer der Tod an die Tür klopft, er wird dich bereit finden. Du verlierst nichts. Wenn du mit dem Tode gehst, bist du kein Verlierer. Vielleicht gehst du in eine neue Erfahrung hinein.

Und wenn ich sage, sammle nichts an, dann verstehe ich das als Gebot ohne jede Einschränkung. Ich sage nicht, sammle keine weltlichen Güter an, aber fahre fort, Tugend,

Wissen und sogenannten spirituelle Erfahrungen Visionen anzuhäufen – nein. Ich spreche in absoluten Begriffen: Sammle nichts an. Es gibt Leute – besonders im Osten –, die Entsagung lehren. Sie sagen: „Sammle nichts an in dieser Welt, denn es wird dir genommen, wenn der Tod kommt." Diese Leute scheinen grundsätzlich gieriger zu sein als gewöhnliche Menschen dieser Welt. Ihre Logik ist: Sammle nichts an in dieser Welt, denn der Tod wird es dir nehmen, deshalb sammle etwas an, was der Tod dir nicht nehmen kann – sammle Tugend, *punya;* sammle Charakter, Sittlichkeit, Wissen; sammle Erfahrungen, spirituelle Erfahrungen, Erfahrungen der Kundalini, der Meditation, dies und jenes; sammle etwas an, das der Tod dir nicht nehmen kann.

Aber wenn du ansammelst, entsteht mit der Ansammlung Angst. Alles Sammeln bringt im gleichen Maß Angst mit sich... du fürchtest dich. Sammle nichts an, und die Angst verschwindet. Ich lehre dich nicht Entsagung im alten Sinne; mein Sannyas ist ein vollkommen neues Konzept. Es lehrt dich, in der Welt zu sein und ihr doch nicht anzugehören. Dann bist du immer bereit.

Ich habe von einem großen Sufi-Mystiker gehört, Abraham Adam. Einst war er der Herrscher von Bokhara; dann verließ er alles, und wurde ein Sufi-Bettler. Als er einmal bei einem anderen Sufi-Mystiker weilte, war er erstaunt darüber, daß dieser sich ständig über seine Armut beklagte.

Abraham Adam sagte zu ihm: „Aus der Art, wie du sie beschimpfst, schließe ich, daß du deine Armut billig gekauft hast."

„Wie dumm du sein mußt!" antwortete der Mann, der nicht wußte, zu wem er sprach, der nicht wußte, daß Abraham einmal ein Herrscher gewesen war. Er sagte: „Wie dumm mußt du sein zu denken, man könne Armut kaufen."

Abraham antwortete: „Ich, für meinen Fall, gab mein

Königreich dafür. Ich würde sogar hundert Welten für einen einzigen Augenblick davon hergeben, denn mit jedem Tag wird ihr Wert für mich größer. Da ist es kein Wunder, daß ich mich dafür bedanke, während du dich darüber beklagst."

Die Reinheit des Geistes ist die wahre Armut. Das Wort „Sufi" stammt von einem arabischen Wort *„safa"*. *Safa* bedeutet „Reinheit". „Sufi" bedeutet „einer, der rein im Herzen ist".

Und was ist Reinheit? Verstehe mich nicht falsch, Reinheit hat nichts mit Moral zu tun. Deute es nicht moralistisch. Reinheit *(engl.: „purity")* hat nichts mit den Puritanern zu tun. Reinheit bedeutet einfach: ein reiner Zustand des Geistes, in dem nur dein Bewußtsein existiert und sonst nichts. Eigentlich kann gar nichts anderes in dein Bewußtsein eindringen, aber wenn du dich nach Besitztum sehnst, dann verunreinigt dich dieses Sehnen. Gold kann nicht in dein Bewußtsein eindringen. Das ist unmöglich. Wie kannst du Gold in dein Sein aufnehmen. Das ist unmöglich, Geld kann nicht in dein Bewußtsein eintreten. Aber wenn du besitzen möchtest, kann diese Besitzgier in dein Bewußtsein eindringen. Dann wirst du unrein. Wenn du nichts besitzen möchtest, wirst du furchtlos. Dann ist sogar der Tod eine wunderschöne Erfahrung, durch die man hindurchgeht.

Ein Mensch, der wirklich spirituell ist, macht ungeheure Erfahrungen, aber er sammelt sie nie an. Wenn er sie einmal gemacht hat, vergißt er sie. Er erinnert sich nie daran, er überträgt sie nie auf die Zukunft. Er sagt nie, daß sie sich wiederholen sollen oder daß sie ihm nochmal wiederfahren sollen. Er betet nie ihretwegen. Wenn sie einmal gemacht worden sind, sind sie gemacht. Fertig! Er ist fertig damit, und er entfernt sich von ihnen. Er ist immer aufgeschlossen für das Neue, er trägt nie das Alte mit sich herum.

Und wenn du die alten Dinge nicht mit dir herumträgst,

wirst du das Leben völlig neu empfinden, unglaublich, unfaßbar neu bei jedem Schritt. Das Leben ist neu, nur der Verstand ist alt, und wenn du es mit dem Verstand betrachtest, dann sieht auch das Leben wie eine Wiederholung aus, wie eine langweilige Sache. Wenn du nicht durch den Verstand schaust… Der Verstand ist deine Vergangenheit, der Verstand, das sind deine gesammelten Erfahrungen, dein Wissen und all das. Der Verstand ist das, wo du hindurchgegangen bist, an dem du aber noch hängst. Der Verstand ist ein Überbleibsel, Staub der Vergangenheit, der dein spiegelgleiches Bewußtsein bedeckt. Wenn du dann hindurchschaust, wird alles verzerrt. Der Verstand ist das, was alles verzerrt. Wenn du nicht durch den Verstand schaust, weißt du, daß das Leben ewig ist. Nur der Verstand stirbt – ohne den Verstand bist du frei vom Tod. Ohne den Verstand ist noch nie irgendetwas gestorben; das Leben geht immer weiter – für immer. Es hat keinen Anfang und kein Ende.

Sammle, dann hast du einen Anfang, und dann wirst du auch ein Ende haben.

Wie sollst du dich auf den Tod vorbereiten… Wenn ich sage: „Wie man sich auf den Tod vorbereitet", dann meine ich nicht die Vorbereitung auf den Tod, der am Ende kommt – der ist sehr weit entfernt. Wenn du dich darauf vorbereitest, dann bereitest du dich auch auf die Zukunft vor, und dein Verstand wird sich wieder einmischen. Nein, wenn ich sage, „bereite dich auf den Tod vor", dann meine ich nicht den Tod, der am Ende kommen wird, ich meine den Tod, der dich in jedem Augenblick besucht, mit jedem Ausatmen. Akzeptiere diesen Tod in jedem Augenblick, dann wirst du auch für den wirklichen Tod bereit sein, wenn er kommt.

Beginne damit, in jedem Augenblick die Vergangenheit sterben zu lassen. Reinige dich in jedem Augenblick von der Vergangenheit. Sterbe für das Bekannte, so daß du in jedem Augenblick für das Unbekannte offen bist. Wenn du in jedem Augenblick stirbst und wiedergeboren wirst, wirst du in der Lage sein, das Leben zu leben und auch den Tod zu leben.

Und darum geht es bei der Spiritualität wirklich: den Tod intensiv zu leben, das Leben intensiv zu leben; beide so leidenschaftlich zu leben, daß nichts ungelebt zurückbleibt, nicht einmal der Tod. Wenn du Leben und Tod total lebst, dann wirst du verwandelt. In dieser ungeheuren Leidenschaft und Intensität des Lebens und des Todes überwindest du die Dualität, überwindest du deine Zwiegespaltenheit, gelangst du zum Einen. Jenes Eine ist wirklich die Wahrheit. Du kannst es Gott nennen, du kannst es Leben nennen, du kannst es Wahrheit nennen, *samadhi,* Ekstase, oder was du sonst noch wählen magst.   aus der Reihe: „The Art Of Dying"

Die große Reise

Ich stelle mir vor, daß jede Stadt ein „Sterbezentrum" braucht. Wenn jemand im Sterben liegt und sein Tod unmittelbar bevorsteht, dann sollte er in ein „Sterbezentrum" gebracht werden. Dieses sollte ein kleiner Tempel sein, in dem Menschen, die tief in Meditation gehen können, um ihn herum sitzen. Sie sollten ihm helfen zu sterben und an seinem Wesen teilhaben, wenn er in das Nichts verschwindet. Wenn jemand in das Nichts verschwindet, wird große Energie freigesetzt. Wenn du dich in einem stillen Raum um einen Sterbenden herum aufhältst, wirst du auf eine große Reise gehen. Keine Droge kann dich dorthin bringen. Natürlicherweise setzt dieser Mensch große Energie frei; wenn du diese Energie absorbieren kannst, dann wirst du auf eine Art mit ihm sterben. Und dann wirst du das Höchste sehen – die Quelle und das Ziel, den Anfang und das Ende.

aus der Reihe: „The Heart Sutra"

Das Senfkorn

Über Buddha wird die folgende Geschichte erzählt: Der einzige Sohn einer Frau starb, ihr Mann war schon vorher gestorben. Der Name der Frau war Kissagautami. Sie wurde beinahe wahnsinnig; der Mann war gestorben, sie lebte nur für das Kind... so ein schönes Kind, und plötzlich war es tot. Sie trug den Leichnam des Sohnes zu allen Ärzten, allen Heilern, allen Heiligen. Und alle sagten: „Da kann man nichts mehr machen." Jemand schlug vor: „Buddha ist in der Stadt. Warum gehst du nicht zu ihm? Er sagt von sich, daß er erleuchtet sei. Wenn er wirklich erleuchtet ist, dann kann er Tote auferwecken. Seine Berührung wird ein Wunder bewirken." Als Kissagautami erfuhr, daß Buddha da war, wurde sie ekstatisch: „Was ist für einen Buddha schon unmöglich?"

Sie ging zu Buddha, legte ihm den Leichnam des Kindes zu Füßen und sagte: „Du kannst alles tun – du bist erleuchtet! Erwecke mein Kind wieder zum Leben. Ohne mein Kind kann ich nicht leben."

Buddha tat nicht, was Christus getan hatte. Buddha tat etwas weit Bedeutsameres. Aber um diese Bedeutung zu verstehen, brauchst du große Klarheit. Buddha sagte: „Nun gut, ich werde das Kind wieder zum Leben erwecken, aber du mußt eine Bedingung erfüllen. Gehe in die Stadt und bringe ein paar Senfkörner von irgendeiner Familie. Die einzige Bedingung ist, daß ich nur Senfkörner aus einer Familie akzeptiere, in der noch nie jemand gestorben ist. Wenn du diese wenigen Senfkörner gebracht hast, werde ich deinen Sohn sofort wieder zum Leben erwecken."

Die Frau konnte nicht erkennen, worum es ging; sie war in einem solchen Zustand, nahe am Verrücktwerden. Sie eilte in die Stadt, sie klopfte an jede Tür. Und die Leute sagten zu ihr: „Wir können dir so viele Senfkörner geben, wie du willst." – weil in dieser Stadt Senfkörner angebaut wurden, das war ihre Haupternte. So sagten sie: „Wir können dir soviele Senfkörner geben, wie du willst, aber die Bedingung ist unerfüllbar. So viele Menschen sind in unserer Familie bereits gestorben – der Vater von jemandem ist gestorben, die Mutter, die Frau von jemandem, der Mann, der Großvater, der Urgroßvater – so viele Menschen sind gestorben."

Tatsächlich sind in einer Familie nur wenige am Leben, Millionen sind gestorben. Wenn du die Geschichte deiner ganzen Familie anschaust, von Adam und Eva an, dann sind Millionen aus deiner Familie gestorben. Es ist ein Wunder wie wenige noch leben. Du sitzt auf einem riesigen Berg von Leichen: deinen Vätern, Großvätern, Urgroßvätern, Ur-Ur-Großvätern – und unter all dem liegen der arme Adam und die arme Eva... und Friedrich Nietzsche sagt, daß sogar Gott tot sei. Also noch unter Adam und Eva ist Gott der Vatter – das scheint das Fundament dieses Mount Everest des Todes zu sein. Und du sitzt oben drauf und bist dir gar nicht bewußt, daß du bald auch ein Teil davon sein wirst. Es ist nur eine Frage von Momenten: Ehe du dich versiehst, wirst du auch ein Teil davon sein. Und dann wird jemand anderer auf dir sitzen: dein Sohn, deine Tochter, dein Schwiegersohn... jemand wird auf dir drauf sitzen.

Nach und nach wurde der Frau klar, daß die Bedingung nicht zu erfüllen war. Am Abend kam sie – sie kam tanzend, feiernd. Sie fiel Buddha zu Füßen und sagte: „Du hast ein großes Wunder vollbracht! Du hast mir zu einer Erkenntnis verholfen, du hast mir geholfen, mich daran zu erinnern, daß dieses Leben Tod ist."

Buddha fragte sie: „Möchtest du, daß ich dein Kind wieder zum Leben erwecke?"

Die Frau sagte: „Nein, denn es muß ja doch wieder sterben. Wo liegt da der Sinn? Es wieder sterben zu lassen, wäre häßlich. Einmal ist genug, zweimal wäre zuviel. Stattdessen komme ich jetzt aus einem anderen Grund: „Hilf mir dabei, das Leben zu finden, das niemals endet. Der Sohn ist dahingegangen. Ich werde einmal dahingehen. Bevor ich gehe, möchte ich gerne einen Geschmack der Ewigkeit bekommen."

Buddha initierte sie in Sannyas.

aus der Reihe: „The Wild Geese And The Water"

Die Kunst des Sterbens

Wenn du einmal weißt, was Leben ist, wirst du auch wissen, was Tod ist. Der Tod ist ein Teil des gleichen Prozesses. Gewöhnlich denken wir, der Tod sei das Ende, gewöhnlich denken wir, der Tod sei gegen das Leben, gewöhnlich denken wir, der Tod sei der Feind, aber der Tod ist nicht der Feind. Und wenn du den Tod als Feind ansiehst, zeigt das nur, daß du noch nicht erkannt hast, was das Leben ist.

Tod und Leben sind zwei Gegenpole der gleichen Energie, des gleichen Phänomens – Ebbe und Flut, Tag und Nacht, Sommer und Winter. Sie sind nicht voneinander getrennt und nicht widersprüchlich, keine Gegensätze; sie ergänzen sich. Der Tod ist nicht das Ende des Lebens; in Wirklichkeit ist er die Vollendung eines Lebens, das Crescendo eines Lebens, der Höhepunkt, das Finale. Und wenn du einmal dein Leben und seinen Verlauf kennst, dann verstehst du, was der Tod ist.

Der Tod ist ein organischer Bestandteil des Lebens, und er ist sehr freundlich zum Leben. Ohne ihn kann das Leben nicht existieren. Das Leben existiert aufgrund des Todes; der Tod gibt den Hintergrund ab. Der Tod ist in Wirklichkeit ein Prozeß der Erneuerung. Und der Tod ereignet sich in jedem Augenblick. Im Augenblick, wo du einatmest, und im Augenblick, wo du ausatmest, geschieht beides. Beim Einatmen geschieht Leben; beim Ausatmen geschieht Tod. Deshalb ist das erste, was ein neugeborenes Kind tut, einatmen, dann fängt das Leben an. Und wenn ein alter Mann stirbt, so ist das Letzte, was er tut, ausatmen, dann verläßt ihn das Leben. Ausatmen ist Tod, Einatmen ist Leben – sie sind wie die beiden Räder eines Ochsenkarren. Im Einatmen lebst du genauso wie im Ausatmen. Das Ausatmen ist ein Teil des Einatmens. Wenn du aufhörst auszuatmen, kannst du nicht einatmen. Wenn du aufhörst zu sterben, kannst du nicht leben. Der Mensch, der verstanden hat, was sein Leben ist, läßt den Tod zu; er heißt ihn willkommen. Er stirbt in jedem Augenblick, und in jedem Augenblick ersteht er zu neuem Leben wieder auf. Seine Kreuzigung und seine Auferstehung geschehen ununterbrochen. Er stirbt in jedem Augenblick für die Vergangenheit und er wird immer wieder in die Zukunft hinein geboren.

Wenn du in das Leben hineinschaust, kannst du auch begreifen, was der Tod ist. Und nur wenn du verstehst, was Tod ist, bist du in der Lage zu verstehen, was Leben ist. Sie sind organisch miteinander verbunden. Normalerweise halten wir sie aus Furcht heraus getrennt. Wir glauben, daß das Leben gut und der Tod schlecht ist. Wir glauben, daß das Leben wünschenswert und der Tod zu meiden ist. Wir glauben, uns irgendwie gegen den Tod schützen zu müssen. Diese absurde Vorstellung ruft in unserem Leben endloses Unglück hervor, weil jemand, der sich vor dem Tod schützt, unfähig wird, zu leben. Er ist ein Mensch, der sich vor dem Ausatmen fürchtet, deshalb kann er nicht einatmen und ist dann festgefahren. Er schleppt sich nur noch dahin; sein Leben fließt nicht mehr, sein Leben ist kein Fluß mehr.

Wenn du wirklich leben willst, mußt du bereit sein zu sterben. Wer in dir hat Angst vor dem Sterben? Hat das Leben Angst vor dem Tod? Das ist nicht möglich. Wie kann das Leben Angst haben vor etwas, das zu ihm selbst dazugehört? Etwas anderes in dir hat Angst. Das Ego in dir hat Angst. Leben und Tod sind keine Gegensätze; Ego und Tod sind Gegensätze. Leben und Tod sind keine Gegensätze; Ego und Leben sind Gegensätze. Das Ego ist sowohl gegen das Leben als auch gegen den Tod. Das Ego hat Angst zu leben und das Ego hat Angst zu sterben. Es hat Angst zu leben, weil jede Bemühung, jeder Schritt auf das Leben zu, den Tod näher bringt.

Wenn du lebst, kommst du dem Sterben näher. Das Ego hat Angst zu sterben, deshalb fürchtet es das Leben ebenso. Das Ego schleppt sich einfach dahin.

Es gibt viele Menschen, die weder lebendig noch tot sind. Das ist schlimmer als alles andere. Ein Mensch, der wirklich voller Leben ist, ist auch voller Tod. Das ist die Bedeutung von Jesus am Kreuz. Daß Jesus sein eigenes Kreuz trug, ist nicht richtig verstanden worden. Und er sagte zu seinen Jüngern: „Ihr werdet euer eigenes Kreuz tragen müssen." Daß Jesus sein eigenes Kreuz trägt, hat eine einfache Bedeutung; es heißt nichts anderes als: Jeder muß ständig seinen Tod mit sich herumtragen, ununterbrochen, jeder muß in jedem Augenblick sterben, jeder muß am Kreuz hängen, weil das der einzige Weg ist, aus vollem Herzen, total zu leben.

Immer wenn du einen Augenblick vollkommener Lebendigkeit erlebst, wirst du da plötzlich auch den Tod sehen. Wenn du liebst, geschieht das. In der Liebe kommt das Leben zu einem Höhepunkt – deshalb haben die Menschen Angst vor der Liebe.

Ich habe mich immer gewundert, daß Leute zu mir kommen und sagen, sie hätten Angst vor der Liebe. Was ist die Angst vor der Liebe? Sie ist da, weil dir dein Ego zu entgleiten und zu schmelzen beginnt, wenn du jemanden wirklich liebst. Mit dem Ego kannst du nicht lieben; das Ego wird zum Hindernis. Und wenn du das Hindernis fallen lassen willst, sagt das Ego: „Dies führt in den Tod. Gib acht!"

Der Tod des Ego ist nicht dein Tod. Der Tod des Ego ist deine eigentliche Lebenschance. Das Ego ist nur eine tote Kruste um dich herum, es muß zerbrochen und weggeworfen werden. Es entsteht auf natürliche Weise – so wie sich Staub auf den Kleidern und auf dem Körper des vorüberziehenden Reisenden gesammelt hat und er ein Bad nehmen muß, um den Staub wieder loszuwerden.

Wenn wir uns in der Zeit bewegen, sammelt sich der Staub von Erfahrungen, von Wissen, von gelebtem Leben, von Vergangenheit. Dieser Staub wird zu unserem Ego. Angehäuft, wird er zu einer Kruste um dich herum, die zerbrochen und weggeworfen werden muß. Man muß ständig baden, jeden Tag, genaugenommen in jedem Augenblick, damit diese Kruste niemals zum Gefängnis wird. Das Ego fürchtet sich zu lieben, denn in der Liebe erreicht das Leben seinen Höhepunkt. Aber immer, wenn ein Höhepunkt des Lebens da ist, ist auch ein Höhepunkt des Todes da – sie kommen zusammen.

In der Liebe stirbst du und wirst wiedergeboren. Das gleiche geschieht, wenn du meditierst oder betest, oder wenn du zu einem Meister kommst, um dich hinzugeben. Das Ego schafft alle Arten von Schwierigkeiten, Rationalisierungen, um nicht aufzugeben: „Denke darüber nach, brüte darüber, sei schlau dabei." Wenn du zu einem Meister kommst, wird das Ego wieder argwöhnisch, unschlüssig, es läßt Angst entstehen, weil du wieder lebendig wirst, zu einer Flamme, in der der Tod ebenso lebendig wird wie das Leben.

Denke daran, daß Tod und Leben zusammen entzündet werden, daß sie nie voneinander getrennt sind. Wenn du nur sehr, sehr wenig lebendig bist, nur dann kannst du Tod und Leben als getrennt voneinander ansehen. Je mehr du dich dem Gipfel näherst, umso näher kommen sie sich. Ganz oben auf der Spitze treffen sie sich und werden eins. In Liebe, in Meditation, in Vertrauen, beim Gebet, wo immer das Leben total wird, ist der Tod da. Ohne den Tod kann das Leben nicht total werden.

Aber das Ego denkt immer in Trennungen, in Dualitäten, es teilt alles. Die Existenz ist unteilbar; sie kann nicht geteilt werden. Du warst ein Kind, dann wurdest du ein Jugendlicher. Kannst du die Grenzlinie markieren, an der deine Jugend anfing? Kannst du den Zeitpunkt bestimmen, als du plötzlich kein Kind mehr warst und zum Heranwachsenden wurdest? Eines Tages wirst du alt. Kannst du die Grenzlinie markieren, an der du alt wirst?

Entwicklungen kann man nicht abgrenzen. Genau das Gleiche passiert, wenn du geboren wirst. Kannst du abgrenzen, wann du geboren bist? Wann das Leben wirklich beginnt? Fängt es an, wenn das Kind anfängt zu atmen – der Arzt gibt dem Kind einen Klaps aufs Hinterteil, und das Kind fängt an zu atmen? Hat dann das Leben begonnen? Oder in dem Monat, als das Kind in den Mutterleib kam, als die Muter schwanger wurde, als das Kind empfangen wurde? Fängt das Leben dann an? Oder sogar davor? Wann fängt das Leben genau an?

Es ist ein Geschehen ohne Anfang und ohne Ende. Es fängt niemals an. Wann ist ein Mensch tot? Ist ein Mensch tot, wenn der Atem aussetzt? Viele Yogis haben jetzt auf wissenschaftlicher Grundlage bewiesen, daß sie die Atmung anhalten können und doch noch leben, und daß sie zurückkehren können. Also kann das Aussetzen des Atems nicht das Ende sein. Wo endet das Leben?

Es endet nirgends, es beginnt nirgends. Wir sind in die Ewigkeit einbezogen. Wir waren hier von Anfang an – falls es je einen Anfang gab – und wir werden bis zum vollkommenen Ende hier sein, falls es ein Ende geben wird. In Wahrheit kann es weder irgendeinen Anfang noch ein Ende geben. Wir sind Leben – auch wenn die Formen sich ändern, die Körper wechseln, der Geist sich ändert. Was wir Leben nennen, ist nur eine Identifikation mit einem bestimmten Körper, mit einem bestimmten Geist, mit einem bestimmten Verhalten, und was wir Tod nennen, ist nichts weiter als das

Heraustreten aus dieser Form, aus diesem Körper, aus dieser Vorstellung.

Du wechselst die Häuser. Wenn du dich zu sehr mit einem Haus identifizierst, dann wird es sehr schmerzhaft sein, das Haus zu wechseln. Du wirst denken, du stirbst, weil das alte Haus das war, was du warst – es war deine Identitiät. Aber das wird nicht geschehen, denn du weißt, daß du nur das Haus wechselst; *du* bleibst der gleiche. Diejenigen, die in sich hineingeschaut haben, diejenigen, die herausgefunden haben, wer sie sind, erfahren ein ewiges, nichtendendes Geschehen. Das Leben ist ein Geschehen, zeitlos, jenseits von Zeit. Der Tod ist ein Teil davon.

Tod ist ein dauerndes Wiedererblühen, eine Hilfe für das Leben, immer wieder aufzuerstehen, eine Hilfe für das Leben, alte Formen loszuwerden, verfallene Gebäude loszuwerden, alte, begrenzende Strukturen loszuwerden, damit du wieder fließen kannst, damit du wieder frisch und jung werden kannst, damit du wieder jungfräulich werden kannst.

Ich habe gehört:

Ein Mann stöberte in einem Antiquitätenladen in der Nähe von Mount Vernon herum und stieß auf eine ziemlich alt aussehende Axt.

„Das ist eine sehr alte Axt, die Sie da haben", sagte er zum Ladenbesitzer.

„Ja", antwortete der Mann, „sie gehörte einst George Washington."

„Tatsächlich?" sagte der Kunde. „Sie ist wirklich gut erhalten."

„Natürlich", sagte der Antiquitätenhändler, „sie hat dreimal neue Stiele und zweimal neue Köpfe bekommen."

Aber so ist das Leben – es wechselt ständig die Stiele und Köpfe; tatsächlich scheint sich alles ständig zu verändern, und doch bleibt etwas ewig gleich. Beobachte einfach. Du warst ein Kind – was ist davon heute geblieben? Nur eine Erinnerung. Dein Körper hat sich verändert, dein Geist hat sich verändert, deine Identität hat sich verändert. Was ist von deiner Kindheit geblieben? Nichts ist geblieben, nur eine Erinnerung. Du kannst nicht unterscheiden, ob es wirklich passiert ist, ob du einen Traum gehabt hast, ob du es in einem Buch gelesen hast oder ob dir jemand davon erzählt hat. War es deine Kindheit oder die von jemand anderem? Schau' dir ab und zu alte Photographien an. Schau einfach – das warst du. Du wirst es nicht glauben können, daß du dich so verändert hast. Tatsächlich hat sich alles verändert – Stiele und Köpfe und alles. Aber immer noch besteht irgendwo tief im Innern ein Zusammenhang: Ein Zeuge ist immer zugegen.

Es gibt einen Faden, wie unsichtbar er auch sein mag. Und alles verändert sich ständig, aber dieser unsichtbare Faden bleibt der gleiche. Dieser Faden ist jenseits von Leben und Tod. Leben und Tod sind zwei Flügel dessen, was jenseits von Leben und Tod ist. Das, was jenseits ist, benutzt Leben und Tod als zwei Räder eines Karrens, als Ergänzungen. Es lebt durch das Leben; es lebt durch den Tod. Tod und Leben sind seine Erscheinungsformen, wie Einatmen und Ausatmen.

Aber etwas in dir ist transzendental. *Das bist du…* dieses Transzendente.

Aber wir sind zu sehr mit der Form identifiziert – das erzeugt das Ego. Das ist das, was wir „Ich" nennen. Natürlich muß das „Ich" viele Male sterben. Deshalb lebt es in ständiger Furcht, zitternd, bebend, immer in Furcht, sich schützend, sich absichernd.

Ein Sufi-Mystiker klopfte an die Türe eines sehr reichen Mannes. Er war ein Bettler und er bat um nicht mehr, als er für eine Mahlzeit brauchte.

Der Reiche schrie ihn an und sagte: „Niemand kennt dich hier!"

„Aber ich kenne mich selbst", sagte der Derwisch. „Wie traurig, wenn es umgekehrt wäre. Wenn jeder mich kennen würde, ich mir aber nicht bewußt wäre, wer ich bin, wie traurig wäre das. Ja, du hast recht, niemand kennt mich hier, aber ich kenne mich selbst."

Dies sind die beiden einzigen möglichen Situationen, und du bist in der traurigen Situation. Jedermann mag dich kennen – wissen, wer du bist – aber du selbst hast deine Transzendenz, deine wahre Natur, dein ursprüngliches Wesen vollkommen vergessen. Das ist das einzig Traurige im Leben. Du kannst viele Entschuldigungen finden, aber das wirklich Traurige ist dies: Du weißt nicht, wer du bist.

Wie kann ein Mensch glücklich sein, der nicht weiß, wer er ist, der nicht weiß, woher er kommt, der nicht weiß, wohin er geht? Tausendundein Problem entsteht aus dieser grundsätzlichen Unkenntnis des Selbst.

Ein Haufen Ameisen kroch aus der Dunkelheit seines unterirdischen Nestes hervor, um nach Nahrung zu suchen. Es war früh am Morgen. Die Ameisen kamen zufällig an einer Pflanze vorüber, deren Blätter mit Tau bedeckt waren.

„Was ist das?" fragte eine der Ameisen und zeigte auf die Tautropfen. „Wo kommen sie her?"

Einige sagten: „Sie kommen aus der Erde."

Andere sagten: „Sie kommen aus dem Meer."

Bald entbrannte ein Streit – es gab eine Gruppe, die der Meertheorie anhing und eine Gruppe, die der Erdtheorie den Vorzug gab.

Nur eine weise und intelligente Ameise blieb abgesondert. Sie sagte: „Laßt uns einen Augenblick innehalten und nach Zeichen Ausschau halten, denn jedes Ding wird von seinem Ursprung angezogen. Und, wie man sagt, kehrt alles zu seinem Ursprung zurück. Ganz gleich, wie hoch in die Luft man einen Stein wirft, er kommt zur Erde zurück. Was immer dem Licht entgegenstrebt, muß ursprünglich auch vom Lichte stammen."

Die Ameisen waren noch nicht vollkommen überzeugt und waren dabei, ihren Streit wieder aufzunehmen, aber die Sonne war gerade aufgegangen, und die Tautropfen verließen die Blätter, stiegen auf, stiegen der Sonne entgegen und verschwanden in ihr.

Alles kehrt zu seinem Ursprung zurück, muß zu seinem Ursprung zurückkehren. Wenn du das Leben verstehst, verstehst du auch den Tod. Das Leben ist ein Vergessen des Ursprungs, und der Tod ist ein Wiedererinnern desselben. Das Leben geht vom Ursprung weg, im Tod kommt man wieder heim. Der Tod ist nicht häßlich, der Tod ist wunderschön. Aber der Tod ist nur für diejenigen wunderschön, die ihr Leben ungehindert, ohne Verbote, ohne Unterdrückung gelebt haben. Der Tod ist nur für die schön, die ihr Leben schön gelebt haben, die keine Angst gehabt haben zu leben, die mutig genug waren zu leben – die geliebt, getanzt, gefeiert haben.

Der Tod wird zur letzten Feier, wenn dein Leben eine Feier ist. Laßt es mich so sagen: Was auch immer dein Leben war, im Tod wird es enthüllt. Wenn du im Leben unglücklich warst, dann deckt der Tod dein Unglück auf. Der Tod ist eine große Offenbarung. Wenn du in deinem Leben glücklich gewesen bist, dann offenbart der Tod das Glück. Wenn du nur ein Leben der äußeren Annehmlichkeiten und Vergnügungen gelebt hast, dann wird der Tod natürlich sehr unangenehm und unfreundlich sein, weil du den Körper verlassen mußt. Der Körper ist nur eine zeitweise Bleibe, ein Heiligtum, in dem wir über Nacht bleiben, und das wir am

Morgen verlassen. Er ist nicht dein ständiger Wohnsitz, er ist nicht dein Zuhause.

Wenn du also nur ein körperliches Leben gelebt hast und niemals etwas kennengelernt hast, was über den Körper hinausging, dann wird der Tod sehr, sehr häßlich, unangenehm und schmerzhaft werden. Der Tod wird dann eine Qual sein. Aber wenn du etwas höher als nur im Körper gelebt hast, wenn du dich an Musik und Poesie erfreut hast, wenn du geliebt hast und wenn du die Blumen und die Sterne angeschaut hast und etwas aus dem nicht-physischen Bereich in dein Bewußtsein eingedrungen ist, dann wird der Tod nicht so schlecht sein, der Tod wird nicht so schmerzhaft sein. Dann kannst du ihn mit Gleichmut annehmen, aber immer noch kann er nicht zur Feier werden.

Wenn du etwas von der Transzendenz in dir berührt hast, wenn du in dein eigenes Nichtsein im Zentrum eingetreten bist – das Zentrum deines Wesens, wo du kein Körper und kein Geist mehr bist, wo du alle körperlichen Vergnügen weit hinter dir gelassen hast und geistige Vergnügen wie Musik, Poesie, Literatur und Malerei, wo all dies weit hinter dir liegt und wo nur du bist, einfach reine Bewußtheit, Bewußtsein – dann wird der Tod zu einer großen Feier werden, zum großen Verstehen, zur großen Offenbarung.

Wenn du etwas von der Transzendenz in dir erkannt hast, dann wird der Tod dir die Transzendenz im Universum offenbaren – dann ist der Tod kein Tod mehr, sondern eine Begegnung mit Gott, ein Treffen mit Gott.

Und so kannst du in der Geschichte des menschlichen Geistes drei Ausdrucksformen für den Tod finden.

Eine Ausdrucksform ist die des gewöhnlichen Menschen, der an seinen Körper gefesselt lebt, der nie etwas Höheres als die Freuden des Essens und des Sex kennengelernt hat, dessen ganzes Leben nichts war als Essen und Sex, der das Essen genossen hat, der den Sex genossen hat, dessen Leben sehr primitiv gewesen ist, dessen Leben sehr grob war, der in der Vorhalle seines Palastes gelebt und ihn nie betreten hat, und der gedacht hat, daß dies alles sei, was das Leben ausmacht. Im Augenblick des Todes wird er versuchen, sich festzuhalten. Er wird dem Tod Widerstand leisten, er wird gegen den Tod kämpfen. Der Tod wird als Feind kommen.

Deshalb wird der Tod überall auf der Welt, in allen Gesellschaften als dunkel und teuflisch dargestellt. In Indien sagt man, daß der Botschafter des Todes sehr häßlich ist – dunkel, schwarz –, und daß er auf einem sehr großen häßlichen Büffel sitzend daherkommt. Das ist die allgemeine Haltung. Diese Leute haben nichts verstanden; sie waren nicht fähig, alle Dimensionen des Lebens zu erkennen, Sie waren nicht fähig, die Tiefen des Lebens zu berühren, und sie waren nicht fähig, zu den Höhen des Lebens aufzufliegen. Sie haben die Vielfalt versäumt, sie haben die Segnungen versäumt.

Dann gibt es eine zweite Ausdrucksform. Dichter und Philosophen haben manchmal gesagt, daß der Tod nichts Schlechtes ist, nichts Böses, daß er nur beruhigend wirke – eine große Ruhepause, so wie der Schlaf. Das ist besser als die erste. Zumindest haben diese Leute etwas jenseits des Körpers erkannt, sie haben etwas vom Geiste erkannt. Sie haben nicht nur Essen und Sex genossen, ihr ganzes Leben bestand nicht nur aus Essen und Fortpflanzung. Sie haben ihre Seele ein wenig kultiviert, sie sind etwas aristokratischer, kultivierter. Sie sagen, der Tod ist wie eine große Ruhepause; man ist müde und geht in den Tod und ruht sich aus. Er wirkt beruhigend. Aber auch sie sind weit von der Wahrheit entfernt.

Diejenigen, die das Leben in seinem tiefsten Kern kennengelernt haben, sagen, daß der Tod Gott ist. Er ist nicht nur eine Rast, sondern eine Auferstehung, ein neues Leben, ein neuer Anfang; eine neue Tür öffnet sich.

Als ein Sufi-Mystiker, Bayazid, im Sterben lag, wunderten sich plötzlich die Menschen, die sich um ihn versammelt hatten – seine Schüler –, denn als sein letzter Augenblick kam, leuchtete sein Gesicht machtvoll auf. Es hatte eine wunderschöne Aura.

Bayazid war ein wundervoller Mensch, und seine Jünger hatten immer eine Aura um ihn herum gespürt, aber so etwas hatten sie noch nie erlebt, ein solches Leuchten.

Sie fragten: „Bayazid, sag' uns, was mit dir geschehen ist. Was geschieht dir? Gib uns deine letzte Botschaft, bevor du uns verläßt."

Er öffnete seine Augen und sagte: „Gott heißt mich willkommen. Ich gehe in seine Umarmung ein. Lebt wohl."

Er schloß seine Augen, sein Atem setzte aus. Aber im Augenblick, in dem sein Atem aussetzte, gab es eine Explosion von Licht, der Raum füllte sich mit Licht, und dann verschwand es.

Wenn ein Mensch die Transzendenz in sich erkannt hat, dann ist der Tod für ihn nichts als ein anderes Gesicht Gottes. Dann hat er etwas von Tanz an sich. Und denk daran, bevor du nicht in der Lage bist, den Tod selbst zu feiern, hast du das Leben verpaßt. Das ganze Leben ist eine Vorbereitung auf dieses letzte Ziel.   aus der Reihe: „The Art Of Dying"

Die Kunst des Lebens

Einmal, als ich mich sehr friedlich fühlte, sah ich einen Vogel im Flug und dachte: „Das wäre jetzt ein schöner Augenblick zum Sterben." Ein anderes Mal, als ich mich ziemlich unbehaglich fühlte, machte ich die „Stopp-Übung" und fühlte mich so abgeschnitten wie vielleicht nie zuvor. Bestimmen die genauen Umstände der Todessekunde irgendwie das Wesen eines Erleuchteten? – Oder umgekehrt?

Als erstes: Das ist eine Art Elend, die den Menschen befallen hat. Wenn alles gutgeht und du dich ruhig, friedlich und gesammelt fühlst, warum beginnst du dann eigentlich, an den Tod zu denken?

Der Fragesteller sagt: *„Einmal, als ich mich sehr friedlich fühlte, sah ich einen Vogel im Flug und dachte: ‚Das wäre jetzt ein schöner Augenblick zum Sterben.'"* – Warum denkst du nicht: „Das wäre jetzt ein schöner Augenblick zum Leben? Warum der Gedanke: „Das wäre jetzt ein schöner Augenblick zum Sterben." Damit wird etwas angedeutet.

Auf der ganzen Welt, und im Westen ganz besonders, sind die Menschen dazu erzogen worden, nicht glücklich zu sein, das Leben nicht zu genießen, nicht ekstatisch zu sein. Man hat die Menschen gelehrt, daß Glücklichsein irgendwie strafbar sei. Die Menschen sind zutiefst konditioniert worden, sich beim Glücklichsein schuldig zu fühlen. Wenn sie traurig sind, ist alles gut. Wenn sie deprimiert sind, ist nichts verkehrt. Wenn sie ernst sind, kommen keine Schuldgefühle.

Hast du es bemerkt? Beim Tanz mit einer Frau fühlst du

dich auf einmal schuldig. Wenn du mit einer Frau schläfst, fühlst du dich auf einmal schuldig. Während du dein Essen genießt, schaust du auf einmal schuldbewußt. Hast du das beobachtet? Wann immer du dich glücklich fühlst, kommt Schuld in dir auf. Das passiert dir nie, wenn du traurig bist; wenn du deprimiert bist, mit einem langen Gesicht herumläufst, dann passiert es nie. Aber wenn du lächelst…, die Menschen haben sogar Angst zu lachen; sie lachen zurückhaltend, als ob sie etwas Verkehrtes täten. Die ganze Menschheit ist konditioniert worden, unglücklich zu sein. *Alles* Glück ist als Sünde verdammt worden.

Deshalb werden die Heiligen so gemalt, als hätten sie niemals gelacht. Die Christen sagen sogar, daß Jesus niemals gelacht habe. Das ist absurd! Wenn Jesus ein erleuchteter Mann war, dann wäre er der einzige gewesen, der zu recht gelacht hätte. Aber die Christen sagen, er habe nie gelacht. Hast du jemals ein Bild von Jesus gesehen, auf dem er lacht? Stattdessen sind sie tot, stumpf, ernst, totengleich.

Alle Bilder von Jesus sind Fälschungen; sie können nicht den wahren Jesus darstellen. Der wirkliche Mensch muß vollkommen anders gewesen sein, denn wir wissen, daß er gerne trank – es ist unmöglich, sich einen Menschen vorzustellen, der sich am Trinken erfreut und nicht lacht. Er liebte Frauen – es ist schwierig, sich einen Menschen vorzustellen, der Frauen liebt und der nicht lacht. Er war befreundet, beinahe verliebt in eine Prostituierte, Maria Magdalena. Es ist schwierig, mit einer Prostituierten umherzuziehen – er zog nicht mit einem katholischen Mönch umher, nicht mit einem Priester, nicht mit dem Papst…, sondern mit einer Prostituierten! Das waren die Anklagen gegen ihn.

Und er bewegte sich unter einfachen Menschen – Zimmermannsleuten, Bauern – sehr ungebildeten Menschen. Du kannst von ihnen nicht erwarten, daß sie ernst sind. Er bewegte sich nicht unter Gelehrten, Professoren, Vize-

Kanzlern – nein. Er war mit sehr einfachen Menschen zusammen, gewöhnlichen Menschen, bodenständigen Leuten. Es ist unmöglich, sich vorzustellen, daß er nicht gelacht hat. Bis spät in die Nacht hinein haben sie getafelt und getrunken. Er muß auch Klatsch und Witze erzählt haben.

Aber Jesus wird als ernsthafter Mensch dargestellt. Und die Christen sagen, er habe nie gelacht. Was ist dann der Sinn eines Erleuchteten? Wenn Jesus nicht lachen konnte, wer soll dann auf der Welt lachen?

Irgendwie ist der Mensch programmiert worden, unglücklich zu sein. Glücklichsein scheint hedonistisch, epikuräisch, heidnisch zu sein. Ein religiöser Mensch hat ernst zu sein, mit einem langen Gesicht, einer Maske; er kann nicht lächeln. Er kann die kleinen Dinge des Lebens nicht genießen – sein Ego erlaubt es nicht. Sein Ego hält ihn fern, distanziert, über den Dingen stehend. Er wird sich nicht mit dem gewöhnlichen Volk vermischen, sich nicht an gewöhnlichem Klatsch erfreuen. Er wird immer über den Dingen stehen, weit entfernt sein.

Das ist eine egoistische Haltung, dies ist ein heiliges Ego – und ein heiliges Ego ist mehr vergiftet als ein normales Ego, weil es reiner ist: Es ist reines Gift. Und *diese* Menschen haben den menschlichen Geist konditioniert. Es sind neurotische Menschen. Etwas fehlt – sie sind nicht normal, sie sind nicht gesund; sie sind morbid, krank. Diese kranken Menschen haben den Geist der Menschheit konditioniert. Sie haben das Lachen auf der Erde zerstört – sie haben die Fröhlichkeit zerstört. Sie haben das Feiern gestört – und indem sie das Feiern gestört haben, haben sie die Grundlage Gottes zerstört. Das Leben ist Feiern!

Es ist diese Konditionierung, die dich , sobald du einmal glücklich bist, denken läßt: *„Dies wäre ein schöner Augenblick zum Sterben."* Warum nicht leben? Wenn du unglücklich bist, ist es der richtige Zeitpunkt zu leben; und wenn du glücklich bist, soll das der richtige Moment sein zum Sterben? Hör mit diesem Unsinn auf! Wenn ein Vogel vorüberfliegt und du dich friedlich fühlst so, ist das der Moment zu leben, zu lieben, zu tanzen. Warum solche Eile zu sterben? Der Tod kommt von selbst. Er braucht deine Unterstützung nicht. Er hat sich bereits auf den Weg gemacht.

Solange du lebst, sei so lebendig, daß sogar der Tod, wenn er kommt, dich nicht umbringen kann. Ein wirklich lebendiger Mensch transzendiert den Tod. Der Tod kommt nur zu toten Menschen. Laßt es mich wiederholen: Der Tod geschieht nur toten Menschen – die bereits tot sind. Nur diesen Menschen widerfährt der Tod. Ein wirklich lebendiger Mensch transzendiert den Tod, geht über den Tod hinaus. Der Tod kommt, verpaßt aber das Ziel.

Wie kannst du einen Menschen wie Buddha töten? Wie kannst du einen Menschen wie Jesus töten? Wie kannst du Krishna mit der Flöte an den Lippen töten? – Unmöglich. Der Tod selbst wird um ihn herumtanzen! Sein Leben ist so voller Überfluß, daß selbst der Tod sich in ihn verlieben wird.

Denke immer daran, glücklich sein heißt religiös sein, glücklich sein heißt rechtschaffen sein. Feiern bedeutet, andächtig zu sein. Fröhlich sein und immer in dieser fröhlichen Dimension bleiben, heißt, Sannyasin sein. Dann genießt du, was immer auch geschieht. Wenn du gesund bist, freust du dich darüber; du erfreust dich am Kranksein genauso. Dann wird beides schön sein. Wenn du gesund bist, genießt du die Aktivität; wenn du krank bist, genießt du die Entspannung.

Manchmal ist es schön, krank zu sein und einfach im Bett zu liegen, dich auszuruhen, dir keine Sorgen um die Welt zu machen; dir einen guten Urlaub zu gönnen, im Bett zu singen, zu beten, zu meditieren; ein bißchen zu lesen, Musik zu hören oder gar nichts zu tun; einfach faul zu sein.

Es ist wunderschön! Wenn du weißt, wie man das Gesundsein genießen kann, dann wirst du auch fähig sein, Krankheit zu genießen. Dann wirst du zum Meister, du wirst kunstfertig.

Das ist die ganze Kunst des Lebens!

Du genießt deine Jugend, und wenn du alt wirst, genießt du das Alter. Das Alter hat seine eigene Schönheit; kein junger Mensch kann diese Schönheit haben. Die Jugend ist flach, voller Energie aber flach. Das Alter ist nicht so energiegeladen, aber die Dinge setzen sich, und Tiefe entsteht.

Wenn du die Jugend verpaßt, wirst du das Alter auch verpassen – denke daran. Deswegen sage ich nicht, werdet alt, während ihr noch jung seid. Ich sage, was immer ihr seid, laßt diesen Moment zu eurer Totalität werden. Während du ein Kind bist, sei ein Kind; zwinge niemals einem Kind deine Weisheit auf, denn das wird es verkrüppeln. Versuche kein Kind alt zu machen, bevor es alt ist, bedränge es nicht.

Das ist in der Welt geschehen: Alte Menschen beherrschen die Kinder und wollen sie schneller aus der Kindheit herausziehen, als die Natur es erlaubt. Sie töten und sie erdrücken das Kind – es verliert etwas für immer. Und wenn ein Kind kein Kind sein konnte, als es ein Kind war, dann wird es auch nicht jung sein, wenn es jung ist. Etwas wird immer fehlen. Es wird immer zu spät zum Leben kommen, es wird den Zug verpassen.

Deshalb träumen so viele Menschen davon, den Zug zu versäumen. Es ist einer der meist verbreiteten Träume auf der Welt: Sie laufen zum Bahnhof, tun alles in Eile; irgendwie erreichen sie den Bahnsteig, und der Zug fährt schon, oder ist gerade abgefahren, sie sehen noch, wie der letzte Wagen den Bahnsteig verläßt.

Das ist der Traum; er ist sehr bedeutsam. Er zeigt, daß du auf irgendeine Art den Zug des Lebens verpaßt hast. Du bist immer zu spät dran; du kommst nie rechtzeitig. Und das

Erstaunlichste ist, jeder studiert den Fahrplan so genau. Die Menschen schauen sich den Fahrplan an, aber wenn sie ankommen, ist es immer zu spät. Sie vergeuden ihr Leben mit dem Fahrplan.

Das passiert, wenn du die Bibel liest, oder du liest den Koran, oder du liest die Gita – es sind Fahrpläne. Und wenn du die Fahrpläne liest, dann verpaßt du den Zug des Lebens. Manchmal ist es gut, sie zu lesen, wenn du nichts zu tun hast – aber mache sie nicht zum Ersatz für das Leben. Mit dem Leben verglichen sind sie nichts.

Wenn du das Buch des Lebens lesen kannst, ersetzte es durch kein anderes Buch. Wenn du einen Baum lesen kannst, lies den Baum! Wenn du den Rosenbusch lesen kannst, lies den Rosenbusch! Wenn du einen Mann lesen kannst, lies den Mann! Wenn du eine Frau lesen kannst, lies die Frau! Das sind *lebendige* Bücher, die *wirkliche* Bibel. Aber ihr seid zu sehr mit toten Büchern beschäftigt, und wenn ihr eure Augen endlich davon erhebt, ist der Zug schon abgefahren.

Ein Kind muß ein Kind sein, solange es noch ein Kind ist. Ein junge Mann muß ein junger Mann sein, solange er ein junger Mann ist. Ein alter Mann muß ein alter Mann sein, wenn er ein alter Mann ist. Wenn du deine Jugend verpaßt, wirst du Schwierigkeiten haben: Du wirst niemals wirklich alt sein; dein Körper wird zerfallen, und du sehnst dich immer noch nach dieser Jugend. Die unerfüllten Wünsche, die Sinnlichkeit, die Sexualität, die Gier, der Ehrgeiz – all das, was du immer tun wolltest und nicht tun konntest, weil du in dieser Zeit die Bibel oder die Gita gelesen hast – jetzt wird es dich verfolgen. Jetzt wird dein Kopf diesen Dingen hinterherjagen.

Ich habe eine wunderschöne Geschichte über einen Missionar gehört:

Er ging nach Afrika, um einem Kannibalenstamm das

Christentum beizubringen. Er sprach mit dem Häuptling der Kannibalen – einem sehr alten Mann, beinahe fünfundachtzig oder neunzig Jahre alt. Der Kannibale hörte sehr aufmerksam zu, dann stellte er einige Fragen. Eine davon war: „Willst du mir also sagen, ich soll die Frau meines Nachbarn nicht lieben?"

Der Missionar sagte: „Ja, das hast du richtig verstanden."

Und dann sagte der Häuptling: „Und du sagst auch, ich solle in einem Kampf niemand mehr töten?"

Der Missionar war sehr glücklich. Er sagte: „Genau richtig! Du hast mich verstanden."

Der Kannibale sagte: „Du meinst also, jemandem sein Eigentum rauben oder jemand in einem Kampf töten oder ihm die Frau wegnehmen ist falsch, unmoralisch und eine Sünde?"

Der Missionar sagte: „Absolut, absolut!"

Der Häuptling sagte: „Also, ich kann das nicht verstehen – ich bin zu alt für all diese Dinge. Willst du damit also sagen, daß alt sein und Christ sein das gleiche ist?"

Eure sogenannten Religionen sind einfach Religionen, die von toten Menschen geschaffen wurden. Sie erlauben euch nicht zu leben. Sie erlauben euch keine Liebe. Sie verdammen fortwährend alles, was im Moment schön und richtig ist.

Meine ganze Betonung liegt darauf, den Augenblick total zu leben, wie immer er auch ist, und ihn mit ungeheurer Energie zu leben.

Wenn du ein junger Mensch bist, während du jung bist, dann wirst du ein alter Mensch sein, während du alt bist – sehr weise. Du hast alles erfahren, was gut im Leben ist und was schlecht im Leben ist; den Tag und die Nacht, den Sommer und den Winter – alles wirst du erfahren haben. Aus deiner eigenen Erfahrung wird Weisheit entstehen. Und wenn du dann stirbst, wirst du das Leben so unglaublich genossen haben, daß du auch den Tod genießen kannst.

Nur ein Mensch, der sein Leben genossen hat, ist dazu fähig, auch seinen Tod zu genießen. Und wenn du in der Lage bist, deinen Tod zu genießen, dann hast du den Tod besiegt. Dann gibt es keine Geburt mehr für dich und keinen Tod mehr, du hast die Lektion gelernt.

Das ist, was man Erleuchtung nennt: die Lektion zu lernen, die das Leben dich lehren kann.

Der Fragesteller sagt: *„Einmal, als ich mich sehr friedlich fühlte, sah ich einen Vogel im Flug und dachte: „Das wäre ein schöner Augenblick zum Sterben!"*

Dieser Gedanke muß aus deinem sogenannten christlichen Hintergrund gekommen sein, dem pseudoreligiösen Hintergrund, dem lebensverneinenden Hintergrund – denn sonst hättest du gedacht: „Eine gute Zeit zu leben." Und du *bist* lebendig, also denk in Begriffen des Lebens. Warum denkst du in den Begriffen des Todes? Es muß da eine selbstmörderische Neigung in dir geben. Das habe ich in vielen Menschen beobachtet.

Einmal nahm ich einen meiner Professoren – er war ein Lehrer von mir – mit an einen wunderschönen Platz. Es gibt auf der Welt nichts Ähnliches. Ich lebte in Jabalpur, und dreizehn Meilen davon entfernt fließt der wunderschöne Fluß Narmada vorbei. Zwei Meilen fließt er inmitten von Marmorhügeln, eine Strecke von zwei Meilen Marmorhügel: Es ist etwas Außerweltliches. In einer Vollmondnacht ist es unglaublich; du kannst nicht glauben, das es existiert. Es ist so unwirklich. Es liegt soviel hypnotische Energie darin.

Ich nahm meinen alten Professor in einer Vollmondnacht mit, als der Mond gerade voll am Himmel stand. Er konnte es nicht glauben, daß so etwas Schönes auf Erden möglich sei. Er sagte: „Was für ein schöner Platz zum Sterben!"

Aber warum kommt diese Idee? „Was für ein schöner Platz zum Leben!" wäre bei weitem passender. „Was für ein schöner Platz zum Lieben! Was für ein schöner Platz zum Tanzen! Und Singen!" wäre angemessen gewesen. Aber die Idee kommt auf: „Was für ein schöner Platz zum Sterben!" Warum diese Todesbesessenheit? Kannst du nichts genießen? Kannst du dich an nichts erfreuen?

Werde dir solcher Tendenzen in dir bewußt. Und das nächste Mal, wenn ein schöner Moment vorbeikommt, tanze, singe, liebe! Der Tod kümmert sich um sich selbst. Er wird eines Tages kommen. Sei reif, wenn er kommt – und die einzige Reife, die es gibt, kommt durch das Leben.

Lebe zutiefst, lebe total, lebe vollkommen, damit du bereit bist, wenn der Tod an deine Türe klopft – bereit, wie eine reife Frucht zu fallen. Ein Windhauch kommt, und die Frucht fällt; manchmal fällt die Frucht sogar ohne den Wind, einfach durch ihr eigenes Gewicht und ihre Reife. So sollte es mit dem Tod sein. Und die Bereitschaft dazu kommt durch das Leben.

Der Fragesteller sagt: *„Ein anderes Mal, als ich mich ziemlich unbehaglich fühlte, machte ich die „Stopp-Übung" und fühlte mich so abgeschnitten wie vielleicht nie zuvor."* Du denkst an den Tod und läßt dich von solch kleinen Dingen stören: Kopfweh, einer Ameise, die auf deinem Körper herumläuft. Von solch kleinen Dingen wirst du abgelenkt, ein bißchen Unbehagen – und du sprichst vom Tod. Vielleicht weißt du nicht, was Tod ist; vielleicht hast du nur den Namen gehört. Und du hast Leute sterben sehen, aber den Tod hast du nie gesehen.

Tatsache ist, wenn ein Mensch stirbt, siehst du ihn ruhig daliegen, entspannt, ohne Unbehagen. Glaubst du, der Tod sei nicht beschwerlich?

Du siehst nur einen Leichnam; du hast sein inneres Elend nicht gesehen, du hast seinen inneren Konflikt nicht gesehen. Du hast seinen inneren Kampf mit dem Tod nicht gesehen. Du hast seine innere Qual, sein Aufgewühltsein nicht gesehen. Du siehst nur einen Leichnam – geschminkt, gut angezogen, gewaschen, gesäubert.

Ein Mann war gestorben. Mulla Nasrudin und seine Frau gingen hin, um ihn zu sehen. Und die Frau sagte: „Er sieht so wunderschön und ruhig aus."

Nasrudin sagte: „Er muß ja wunderschön und ruhig aussehen, er kommt ja auch gerade aus Kaschmir, er hatte drei Monate Urlaub."

Beobachte einen Toten – jeder Tote sieht wunderschön, ruhig aus. Es ist nicht so, daß er ruhig gestorben ist, daß er schön gestorben ist – selten stirbt ein Mensch auf schöne Weise. Neunundneunzig Prozent der Menschen wehren sich sehr – Kampf, Streß tritt auf.

Stell dir einmal vor – eine kleine Ameise, die über deinen Körper kriecht, ein kleiner Dorn in deinem Fuß, wie unbehaglich du dich da schon fühlst. Ein bißchen Kopfweh, der Magen ist ein bißchen durcheinander, und wie besorgt bist du schon! Denk einmal daran! – Der Körper und die Seele werden getrennt. Du warst mit dem Körper so beschäftigt; du hast vollkommen vergessen, daß du eine Seele bist – und ihr werdet getrennt. Du hältst fest. Du gibst deinen Anspruch nur mit großen Schwierigkeiten auf, sehr widerstrebend – kämpfend, dich wehrend, weinend. Aber keiner kann es sehen; es ist etwas in dir – nur du kannst es sehen. Du kannst nicht einmal etwas sagen.

Du stirbst in Elend. Nur wenige Menschen sterben glückselig. Und wenn der Tod Glückseligkeit ist, ist er ein Samadhi. Wenn der Tod Entspannung ist… *wirkliche* Entspannung. Tief innen gibst du dich hin, heißt ihn willkommen. Du hast das Leben erfahren, jetzt willst du auch den

Tod erfahren. Du hast das Leben gelebt, du hast es genossen. Ein großes Vertrauen dem Leben gegenüber ist in dir entstanden – und du weißt, daß der Tod der Höhepunkt des Lebens ist, das Crescendo. Er muß wunderschön sein! Wenn die ganze Reise schön gewesen ist, warum nicht auch das Ziel? Es gibt keinen Grund, Angst zu haben. Wenn die ganze Reise so voll unglaublicher Freude war, warum nicht auch das Ende? Es ist der Höhepunkt. Du bist nach Hause gekommen. Du heißt ihn willkommen, du bist bereit, den Tod zu umarmen. Du entspannst dich – du gleitest einfach in den Tod hinein.

Und das ist der Moment! Wenn du ohne Kampf sterben kannst, stirbst du nicht – und wirst niemals mehr geboren. Du bist einfach aus der Begrenzung des Körpers herausgeschlüpft – aus der Welt. Du lebst! – Du lebst ewig. Aber nun lebst du als eine körperlose Existenz, ohne Beschränkungen, ohne Grenzen.

Der Körper gibt dir Grenzen. Der Tod nimmt dir alle Grenzen. Der Körper definiert dich, macht dich zu einem Mann oder einer Frau, macht dich häßlich oder schön, macht dich intelligent oder unintelligent, macht dich zu diesem oder jenem – der Körper gibt dir eine Definition. Der Tod nimmt alle diese Definitionen fort. Er läßt dich undefiniert zurück.

Unbegrenztes Leben, das ist es, was Gott ist. Aber um diesen Tod kennenzulernen, mußt du das Leben gut kennengelernt haben.

Also, wenn du meinen Vorschlag annehmen kannst, dann denke beim nächsten Mal, wenn ein schöner Moment da ist, in Begriffen des Lebens. „Was für ein schöner Moment zu leben, zu tanzen und lebendig zu sein!" Dann wirst du eines Tages, wenn der Tod kommt, das Gleiche zum Tod sagen: „Was für ein schöner Moment zum Sterben!"

Jeder Moment ist wunderschön, du mußt nur empfänglich und hingegeben sein. Jeder Moment ist ein Segen, du mußt nur fähig sein, es zu sehen. Jeder Augenblick ist eine Segnung. Wenn du das in tiefer Dankbarkeit akzeptierst, kann nichts verkehrt laufen. *„Bestimmen die genauen Umstände der Todessekunde irgendwie das Wesen eines Erleuchteten? – Oder umgekehrt?"*

Es ist umgekehrt. Weder der Tod, noch die Zeit des Todes bestimmen irgendetwas. *Du* bist es, bewußt oder unbewußt, der die Bedeutung des Todes festlegt. Es ist das erleuchtete Bewußtsein, das den Tod so schön macht, so unglaublich schön. Du machst sogar das Leben häßlich, und ein erleuchteter Mensch macht sogar den Tod schön.

Letztendlich gesehen bist immer du der ausschlaggebende Faktor, der darüber entscheidet, was mit dir geschieht. Denk daran. Das ist der Schlüssel. Wenn du unglücklich bist, wenn du nicht richtig lebst, liegt es an dir. Wenn du etwas verpaßt, liegt es an dir. Die Verantwortung liegt vollkommen bei dir. Habe keine Angst vor dieser Verantwortung.

Vor dieser Verantwortung haben viele Menschen große Angst, weil sie die andere Seite der Medaille nicht kennen. Auf der einen Seite der Medaille steht „Verantwortung"; auf der anderen Seite steht "Freiheit". Verantwortung bedeutet Freiheit. Wenn jemand anderes dich dazu zwingt, unglücklich zu sein, dann kannst du nicht herauskommen – wie sollst du herauskommen, wenn jemand anderer dich hineinzwingt? Solange der andere nicht beschließt, dich nicht mehr unglücklich zu machen, wirst du niemals herauskönnen. Wenn *du* für das Unglück verantwortlich bist, dann liegt die Entscheidung bei dir. Wenn du es genießt, unglücklich zu sein, sei tausendfach unglücklich – es ist kein Problem. Genieße es! Wenn du es nicht genießt, dann laß es fallen. Mach klare Unterscheidungen.

Wie ich es sehe: Die Leute machen sich immer weiter vor, daß sie zwar glücklich sein wollen, aber was können sie machen? – Sie werden zum Unglücklichsein gezwungen. Das ist vollkommen absurd. Keiner wird gezwungen, unglücklich zu sein – niemand kann einen anderen dazu zwingen. Ein Mensch, der versteht, glücklich zu sein, wird in jeder Situation glücklich sein. Du kannst ihn in keine Situation versetzen, in der er nicht etwas finden wird, über das er sich freuen kann.

Und dann gibt es die Menschen, die den Trick gelernt haben, unglücklich zu sein. Du kannst ihnen keine Situation geben, in der sie nicht etwas finden, über das sie unglücklich sein können.

Was immer du finden willst, das wirst du finden. Das Leben versorgt dich mit allen möglichen Dingen. Du triffst die Wahl.

Ich habe gehört:

Zwei Männer waren im Gefängnis. Es war in einer Vollmondnacht; beide standen am Fenster ihrer dunklen Zelle. Der Vollmond war aufgegangen. Einer von ihnen schaute den Mond an, und es war Regenzeit – es muß wohl so wie heute gewesen sein – vor dem Fenster stand viel Wasser, und es war schlammig. Es war schmutzig, es roch und stank.

Einer der Männer schaute die ganze Zeit den Mond an, der andere schaute nur in den Schlamm. Und der Mann, der den Schlamm anschaute, fühlte sich natürlich sehr elend. Und der Mann, der den Mond anschaute, war entflammt; sein Gesicht reflektierte den Mond; seine Augen waren voller Schönheit. Er vergaß völlig, daß er eingesperrt war.

Beide stehen am gleichen Fenster, aber sie wählen unterschiedliche Dinge. Es gibt Menschen, wenn du sie zu einem Rosenbusch mitnimmst, zählen sie die Dornen; sie sind große Rechner – ihre Rechnung geht immer auf. Und wenn sie Tausende von Dornen gezählt haben, ist es einfach logisch, daß sie die eine Rose nicht sehen können. Tatsache ist, etwas in ihrem Inneren wird sagen: „Wie ist das möglich? – Inmitten so vieler Dornen, wie kann es da eine Rose geben? Es muß eine Täuschung sein, es muß eine Illusion sein. Oder aber, selbst wenn es möglich ist, dann ist sie wertlos."

Und dann wieder gibt es Menschen, die von den Dornen keine Kenntnis nehmen – sie schauen die Rose an. Und indem sie die Rose anschauen, die Rose fühlen, ihre Schönheit, den Moment feiern, beginnen sie zu fühlen, daß sogar die Dornen gar nicht so dornig sind. „Wie können sie das sein, wenn sie am gleichen Busch wie die Rose wachsen?" Wenn ihr Geist auf die Rose gerichtet ist, beginnen sie auch, die Dornen auf eine andere Weise zu sehen: Sie denken, daß die Dornen da sind, um die Rose zu beschützen. Sie sind nicht länger häßlich; sie sind nicht länger bedeutungslos. Sie sind nicht länger dagegen – eine positive Einstellung stellt sich ein.

Es liegt an dir, aus deinem Leben zu machen, was immer du willst. Ein erleuchtetes Bewußtsein macht sogar den Tod wunderschön. Ein unerleuchtetes Leben macht selbst das Leben häßlich. Für ein erleuchtetes Bewußtsein existiert nur Schönheit – lediglich Schönheit; nur Glückseligkeit existiert – nur Glückseligkeit.

Also ist die Frage nicht, wie man Häßlichkeit in Schönheit verwandeln kann, Schmerz in Vergnügen, Elend in Glück. Nein. Die Frage ist, wie man Unbewußtsein in Bewußtsein verwandeln kann, wie man die unerleuchtete Haltung in eine erleuchtete Haltung verwandeln kann – wie du die innere Welt deines Wesens verwandeln kannst, wie du eine lebensbejahende Einstellung gewinnen und lebensverneinende Werte fallenlassen kannst.

aus der Reihe: „A Sudden Clash Of Thunder"

Sannyas oder Selbstmord

Ich komme aus einer Familie mit vier Selbstmorden auf mütterlicher Seite, einschließlich meiner Großmutter. Auf welche Weise beeinflußt das den eigenen Tod? Was kann helfen, diese Todes-Perversion zu überwinden, die sich wie ein roter Faden durch die Familie zieht?

Das Phänomen des Todes ist eines der mysteriösesten überhaupt, ebenso wie das Phänomen des Selbstmordes.

Beurteile nicht nach der Oberfläche, was Selbstmord ist. Er kann vieles sein. Meine eigene Erkenntnis ist, daß Menschen, die Selbstmord begehen, die feinfühligsten Menschen auf der Welt sind, sehr intelligent. Aus dieser Feinfühligkeit, dieser Intelligenz heraus ist es schwierig für sie, in dieser neurotischen Welt zu leben.

Die Gesellschaft ist neurotisch. Sie steht auf einem neurotischen Fundament. Ihre ganze Geschichte ist die Geschichte von Wahnsinn, von Gewalt, Krieg und Zerstörung. Der eine sagt: „Mein Land ist das beste Land der Welt" – nun, das ist neurotisch. Der andere sagt: „Meine Religion ist die höchste und beste Religion der Welt" – nun, das ist neurotisch. Und die Neurose ist tief in Mark und Bein eingedrungen, die Menschen sind sehr, sehr stumpf und unsensibel geworden. Sie *mußten* so werden, denn sonst wäre das Leben unmöglich.

Um mit diesem stumpfsinnigen Leben um dich herum fertig zu werden, mußt du unsensibel werden: sonst fällst du aus dem Tritt. Wenn du nicht im Einklang mit der Gesellschaft bist, erklärt die Gesellschaft dich für verrückt. Die Gesellschaft ist verrückt, aber wenn du nicht an sie angepaßt bist, erklärt sie dich für verrückt. Also mußt du entweder verrückt werden, oder einen Ausweg aus der Gesellschaft finden: Selbstmord. Das Leben wird unerträglich. Es erscheint unmöglich, mit so vielen Menschen um dich herum fertigzuwerden – und sie sind *alle* verrückt. Was willst du machen, wenn man dich in ein Irrenhaus steckt?

Das ist einem meiner Freunde geschehen; er war in einem Irrenhaus. Er wurde für neun Monate zwangseingeliefert. Nach sechs Monaten – er war verrückt, also brachte er das fertig – fand er eine große Flasche Phenol im Badezimmer und trank sie aus. Fünfzehn Tage lang hatte er Durchfall, mußte sich erbrechen, und wegen dieses Durchfalls und des Brechens wurde er wieder normal. Sein System war gereinigt, das Gift ausgespült. Er erzählte mir, daß diese drei Monate die schlimmsten waren – „Die ersten sechs Monate waren wunderbar, weil ich auch verrückt war, und die anderen waren alle verrückt. Alles lief wunderbar, es gab keine Probleme. Ich war mit dem ganzen Wahnsinn um mich herum im Einklang."

Durch die fünfzehn Tage Durchfall und Erbrechen, nachdem er das Phenol getrunken hatte, reinigten sich irgendwie durch Zufall sein Nervensystem und sein Magen. Fünfzehn Tage lang konnte er nichts essen – das Erbrechen war zu stark – also mußte er fasten. Fünfzehn Tage lang blieb er im Bett. Die Ruhe, das Fasten, diese Reinigung half – es war reiner Zufall –, er wurde normal. Er ging zu den Ärzten und sagte: „Ich bin wieder normal." Alle lachten ihn aus. Sie sagten: „Das behauptet jeder." Je mehr er darauf bestand, desto mehr bestanden sie auch darauf: „Du mußt verrückt sein, denn jeder Verrückte behauptet das. Mach einfach so weiter wie bisher; wir können dich nicht entlassen, bevor eine gerichtliche Anordnung kommt."

„Diese drei Monate waren unmöglich, ein einziger Alptraum." Oft dachte er an Selbstmord. Aber er ist ein Mensch mit starkem Willen. Und es handelte sich nur um drei Monate, er konnte warten. Es war unerträglich! Jemand zog an seinen Haaren, jemand zog an seinen Beinen, jemand sprang einfach auf ihn drauf. All dies war schon sechs Monate lang so gegangen, aber er hatte dazugehört. Er hatte die gleichen Dinge getan, er war ein perfektes Mitglied dieser wahnsinnigen Gesellschaft gewesen. Aber diese drei restlichen Monate waren unmöglich, weil er normal war, und um ihn herum waren alle verrückt.

Wenn du in dieser neurotischen Welt gesund, sensibel, intelligent bist, mußt du entweder verrückt werden oder Selbstmord begehen – oder du mußt ein Sannyasin werden. Was bleibt sonst noch?

Im Osten gibt es nicht so viele Selbstmorde, denn es gibt die Alternative des Sannyas. Du kannst auf respektable Weise aussteigen; der Osten akzeptiert das. Du kannst anfangen, deine eigenen Dinge zu tun; im Osten wird das respektiert. Deshalb ist der Unterschied zwischen Amerika und Indien fünfmal so groß – auf einen Selbstmord, der in Indien begangen wird, kommen fünf Selbstmorde in Amerika. Und der Selbstmord ist eine zunehmende Erscheinung in Amerika. Die Intelligenz nimmt zu, die Sensibilität nimmt zu, und die Gesellschaft ist so abgestumpft. Die Gesellschaft bietet dir keine intelligente Welt – also was sollst du da machen? Weiter unnötig leiden?

Man fängt an zu denken: „Warum nicht alles hinschmeißen? Warum nicht Schluß machen? Warum nicht Gott die Fahrkarte zurückgeben?" Wenn Sannyas in Amerika zu einer größeren Bewegung wird, dann wird die Selbstmordrate abnehmen, weil die Menschen dann eine weit bessere und intelligentere Alternative haben auszusteigen. Hast du bemerkt, daß Hippies keinen Selbstmord begehen? Es ist die

Spießerwelt, die Welt der Konventionen, in der der Selbstmord vorherrscht. Der Hippie ist ausgestiegen. Er ist eine Art Sannyasin – noch nicht sehr bewußt darüber, was er tut, aber er ist auf dem richtigen Weg. Er sucht, er tappt im Dunkeln herum, aber er bewegt sich in die richtige Richtung. Der Hippie ist der Beginn von Sannyas. Der Hippie sagt: „Ich will dieses verdammte Spiel nicht mitspielen, diesen politischen Mist nicht mitmachen. Ich sehe die Dinge wie sie sind, und ich möchte mein eigenes Leben leben. Ich möchte kein Sklave sein. Ich will nicht an irgendeiner Front getötet werden. Ich will nicht kämpfen – es gibt weit Schöneres zu tun."

Aber Millionen von Menschen haben nichts; die Gesellschaft hat ihnen alle Möglichkeiten zum Wachstum genommen. Sie stecken fest. Menschen begehen Selbstmord, weil sie feststecken und keinen Ausweg sehen. Sie stecken in einer Sackgasse, in einer aussichtslosen Situation. Und je intelligenter du bist, desto eher wirst du in dieser Sackgasse landen. Und dann, was sollst du dann machen? Die Gesellschaft zeigt dir keinen Ausweg, die Gesellschaft erlaubt keine alternative Gesellschaft.

Sannyas ist eine alternative Gesellschaft. Es sieht sonderbar aus, daß Indien die niedrigste Selbstmordrate der Welt hat. Von der Logik her müßte Indien die höchste Rate haben: Die Menschen sind unglücklich, sie sind am verhungern. Aber dieses merkwürdige Phänomen findet man überall; arme Menschen begehen keinen Selbstmord. Sie haben nicht genug zum Leben, sie haben nicht genug zum Sterben. Sie hungern, also ist ihr ganzes Denken davon ausgefüllt, für Unterkunft, Nahrung, Geld zu sorgen – für all diese Dinge. Sie können es sich nicht leisten, an Selbstmord zu denken; so wohlhabend sind sie noch nicht. Amerika hat alles, Indien hat nichts.

Aber trotzdem begehen die Menschen keinen Selbstmord, sie leben weiter, sie genießen das Leben weiter. Sogar die Bettler sind fasziniert, wie gebannt. Es gibt nichts, was die Faszination rechtfertigen würde – aber sie hoffen.

Warum gibt es in Amerika so viele Selbstmorde? – Die gewöhnlichen Probleme des Lebens sind verschwunden, der Geist kann über das gewöhnliche Bewußtsein hinausgehen. Der Geist ist bereit, über den Körper hinauszugehen, ja, über sich selbst hinauszuwachsen. Das Bewußtsein breitet die Flügel aus, aber die Gesellschaft läßt es nicht zu. Neun von zehn Selbstmorden werden von sensiblen Menschen begangen. Wenn sie die Bedeutungslosigkeit des Lebens sehen, die unwürdigen Situationen, die einem das Leben manchmal auferlegt, die Kompromisse, die man wegen Nichtigkeiten eingehen muß, wenn sie Wortkargheit sehen, wenn sie sich umschauen und sehen, daß das Leben „eine Geschichte ist, erzählt von einem Idioten und ohne jeden Sinn", dann beschließen sie, den Körper loszuwerden. Wenn sie die Flügel hätten ausbreiten dürfen, hätten sie sich nicht dazu entschlossen.

Aber Selbstmord hat noch eine andere Bedeutung, die verstanden werden muß. Alles im Leben scheint gewöhnlich zu sein, Nachahmung. Du kannst kein Auto besitzen, das nicht ein anderer auch schon hat. Millionen von Menschen haben das gleiche Auto wie du. Millionen von Menschen leben das gleiche Leben wie du, sehen den gleichen Film, das gleiche Fernsehprogramm wie du, lesen die gleiche Zeitung. Das Leben ist zu gleichförmig geworden, du kannst nichts Einzigartiges mehr tun oder sein. Selbstmord scheint etwas Außergewöhnliches zu sein: Nur du kannst für dich sterben, niemand anderes kann für dich sterben. Dein Tod wird *dein* Tod sein, nicht der eines anderen. Der Tod ist einzigartig!

Schau dir das Phänomen an: Der Tod *ist* einzigartig – er hebt dich als ein Individuum hervor, er gibt dir Einzigartigkeit. Die Gesellschaft hat dir die Einzigartigkeit genommen.

Du bist nur ein Rädchen im Getriebe, ersetzbar. Wenn du stirbst, wird dich niemand vermissen, du wirst ersetzt. Wenn du Professor an der Universität bist, wird jemand anderes Professor an der Universität werden. Sogar wenn du der Präsident eines Landes bist, wird sofort jemand anderes Präsident, unverzüglich, in dem Moment, wo du nicht mehr da bist. Du bist ersetzbar.

Das tut weh – daß dein Wert so gering ist, daß du nicht vermißt wirst, daß du eines Tages verschwinden wirst und die Menschen, die sich deiner erinnern, auch bald verschwunden sein werden. Dann wird es fast so sein, als wärst du nie gewesen. Denk nur einmal an diesen Tag. Du wirst verschwinden... Ja, ein paar Tage lang werden sich die Menschen an dich erinnern, dein Geliebter wird sich erinnern, deine Kinder erinnern sich an dich, vielleicht ein paar Freunde. Nach und nach wird ihre Erinnerung an dich verblassen, schwach und schwächer werden, du beginnst zu verschwinden. Solange diese Menschen noch leben, mit denen du eine gewisse Intimität hattest, wird man sich vielleicht von Zeit zu Zeit an dich erinnern, aber wenn diese Menschen auch fort sind, dann verschwindest du einfach, als hätte es dich nie gegeben. Dann macht es keinen Unterschied, ob du je hier warst oder nicht.

Das Leben zollt dir keinen außergewöhnlichen Respekt. Es ist sehr demütigend: Es treibt dich in ein solches Loch, wo du nur noch ein Rad im Getriebe, ein Rädchen in einem riesigen Mechanismus bist. Es macht dich anonym.

Der Tod wenigstens ist einzigartig. Und Selbstmord ist noch einzigartiger als der Tod. Warum? – weil der Tod einfach kommt, und Selbstmord ist etwas, das *du* tust. Der Tod liegt nicht in deiner Macht. Wenn er kommt, dann kommt er. Aber den Selbstmord kannst du arrangieren, du bist kein Opfer. Den Selbstmord kannst du arrangieren. Der Tod macht dich zum Opfer, der Selbstmord erlaubt dir die Kontrolle. Die Geburt ist bereits geschehen – jetzt kannst du nichts mehr dagegen tun, und auch vorher hast du nichts dazu getan, sie war ein Zufall.

Es gibt drei wichtige Dinge im Leben: Geburt, Liebe und Tod. Die Geburt ist bereits geschehen, du kannst nichts mehr dazutun. Du bist nicht einmal gefragt worden, ob du geboren werden wolltest oder nicht. Du bist ein Opfer. Liebe geschieht einfach; du kannst nichts dazu tun. Du bist hilflos. Eines Tages verliebst du dich in jemanden, du kannst nichts dagegen tun. Wenn du dich in jemanden verlieben möchtest, geht das nicht, es ist unmöglich. Und wenn du dich in jemanden verliebst und das nicht möchtest, wenn du dich entziehen möchtest, so ist auch das schwierig. Die Geburt geschieht, die Liebe auch. Jetzt bleibt nur noch der Tod, an dem du etwas verändern kannst: Du kannst zum Opfer werden oder für dich selbst entscheiden.

Ein Selbstmörder ist jemand, der entscheidet, einer der sagt: „Laß mich in dieser sonst so zufälligen Existenz wenigstens etwas tun, was ich selbst entscheide: *Ich* begehe Selbstmord. Zumindest gibt es *eines,* was ich tun kann!" Die Geburt kannst du nicht bestimmen, die Liebe kannst du nicht herbeiführen, wenn sie nicht da ist; aber der Tod... der Tod bietet eine Alternative. Du kannst entweder zum Opfer werden oder die Entscheidung in die Hand nehmen.

Die Gesellschaft hat dir alle Würde genommen. Deshalb begehen Menschen Selbstmord – denn der Akt des Selbstmords gibt ihnen eine gewisse Würde. Sie können zu Gott sagen: „Ich verzichte auf deine Welt und dein Leben. Sie sind es nicht wert!" Die Menschen, die Selbstmord begehen, sind fast immer sensitiver als jene, die sich weiter mit dem Leben abquälen. Und ich sage nicht, du sollst Selbstmord begehen. Ich sage, es gibt eine bessere Möglichkeit. Jeder Augenblick im Lebens kann so wunderschön, individuell, ohne jede Nachahmung, ohne Wiederholung sein. Jeder

Augenblick kann so kostbar sein. Dann brauchst du keinen Selbstmord mehr. Jeder Moment kann solchen Segen bringen, und jeder Moment kann dich als etwas Einzigartiges hervorheben – weil du einzigartig *bist!*

Nie zuvor hat es einen Menschen wie dich gegeben, und niemals wieder wird es einen Menschen wie dich geben.

Aber die Gesellschaft zwingt dich dazu, Teil einer großen Armee zu werden. Die Gesellschaft mag Menschen nicht, die ihren eigenen Weg gehen. Die Gesellschaft will, daß du ein Teil der Masse bist. Sei ein Hindu, sei ein Christ, sei ein Jude, sei ein Amerikaner, sei ein Inder – aber immer Teil der Masse – irgendeiner Masse, aber sei Teil einer Masse. *Sei niemals du selbst.* Und jene, die sie selbst sein wollen ... und sie sind das Salz der Erde, diese Menschen, die sie selbst sein wollen. Sie sind die wertvollsten Menschen auf dieser Welt. Die Erde hat nur dieser Menschen wegen ein wenig Würde, ein wenig Ausstrahlung. Und dann begehen sie Selbstmord...

Sannyas und Selbstmord sind Alternativen. Das ist meine Erfahrung: Ein Sannyasin kannst du nur werden, wenn du an einem Punkt angelangt bist, an dem du, solltest du nicht Sannyas nehmen, nur noch Selbstmord begehen kannst. Sannyas bedeutet: „Ich möchte noch zu Lebzeiten ein Individuum werden! Ich will das Leben auf meine eigene Weise leben. Ich lasse mir nichts vorschreiben, ich lasse mich nicht beherrschen. Ich will keine Ideale haben und auch keine Ziele. Ich werde im Moment leben, aus dem Stegreif heraus. Ich werde spontan sein. Und ich riskiere *alles* dafür!"

Sannyas ist ein Risiko.

Ich möchte dir gerne sagen: Ich habe dir in die Augen geschaut; die Möglichkeit zum Selbstmord ist auch bei dir gegeben. Aber ich glaube nicht, daß du Selbstmord begehen mußt – Sannyas wird genügen! Du kannst dich glücklicher schätzen als die vier Personen in deiner Familie, die Selbstmord begangen haben. Tatsache ist, jeder intelligente Mensch hat das Potential dazu, Selbstmord zu begehen, nur Idioten tun es nie. Hast du jemals von einem Idioten gehört, der Selbstmord beging? Ihn kümmert das Leben wenig, warum sollte er Selbstmord begehen? Nur ein besonders intelligenter Mensch spürt die Notwendigkeit, etwas zu tun; denn das Leben, wie es so gelebt wird, ist des Lebens nicht wert. Also, entweder unternimm etwas und verändere dein Leben – gib ihm eine neue Form, eine neue Richtung, eine neue Dimension – oder warum sollst du damit weitermachen, diesen Alptraum, diese Last Tag für Tag, jahrein, jahraus mit dir herumzuschleppen? Und es wird immer weitergehen... Die medizinische Wissenschaft hilft dir sogar, es noch zu verlängern – hundert Jahre, einhundertzwanzig Jahre. Und jetzt sagen diese Leute, daß der Mensch mit Leichtigkeit bis zu dreihundert Jahren leben kann.

Stell dir einmal vor, wie es wäre, wenn die Menschen dreihundert Jahre leben müßten: Die Selbstmordrate würde sehr hoch ansteigen – denn dann würde sogar der mittelmäßige Kopf anfangen zu denken, daß es sinnlos ist.

Intelligenz bedeutet, tief in die Dinge hineinzuschauen. Hat dein Leben einen Sinn? Ist Freude in deinem Leben? Gibt es Poesie in deinem Leben? Ist Kreativität in deinem Leben? Bist du dankbar dafür, hier zu sein? Spürst du Dankbarkeit, daß du geboren wurdest? Kannst du Gott dafür danken? Kannst du aus vollem Herzen sagen, daß es ein Segen ist? Wenn du das nicht kannst, warum lebst du dann weiter? Mach dein Leben zu einem Segen... oder warum belastest du diese Erde weiter? Verschwinde. Vielleicht nimmt jemand anders deinen Platz ein, jemand, der es besser macht. Dieser Gedanke kommt dem intelligenten Verstand ganz natürlich. Wenn du intelligent bist, ist es ein sehr natürlicher Gedanke. Selbstmord wird von intelligenten Menschen begangen. Und all die, die intelligenter als die intelligenten Menschen sind – die nehmen Sannyas. Sie kreieren einen Sinn, sie schaffen sich eine Bedeutung, sie beginnen zu leben. Warum diese Gelegenheit verpassen?

Heidegger hat gesagt: „Der Tod isoliert mich und macht ein Individuum aus mir. Es ist *mein* Tod, nicht der der Masse, der ich angehöre. Jeder von uns stirbt seinen eigenen Tod. Der Tod kann nicht wiederholt werden. Ein Examen kann ich einmal oder zweimal machen, ich kann meine erste Heirat mit einer zweiten vergleichen, und so weiter und so fort. Sterben kann ich nur einmal. Du kannst so oft heiraten, wie du willst, du kannst deinen Job so oft wechseln, wie du willst, du kannst die Stadt so oft wechseln, wie du willst... aber du stirbst nur einmal. Der Tod ist eine solche Herausforderung, weil er sowohl Gewißheit als auch Ungewißheit ist. Daher das große Interesse am Tod und daran, was er ist. Man möchte etwas darüber wissen. Und es ist nichts Morbides an der Betrachtung des Todes. Vorwürfe dieser Art sind lediglich das Instrument des unpersönlichen „man" – der Masse –, die einen abhalten will, der Tyrannei zu entfliehen und ein Individuum zu werden. Was notwendig ist, ist die Erkenntnis, daß unser Leben auf den Tod zugeht. Wenn dieser Punkt einmal erreicht ist, dann besteht die Möglichkeit, sich von den Banalitäten des täglichen Lebens und von der Ausgeliefertheit an anonyme Mächte zu befreien. Wer sich seinem Tod auf diese Weise stellt, wird wach, wie von einem Messer getroffen. Er nimmt sich jetzt als Individuum wahr, getrennt von der Masse und bereit, die Verantwortung für sein eigenes Leben zu übernehmen. So entscheiden wir uns für eine authentische und gegen eine nicht-authentische Existenz. Wir erheben uns aus der Masse und werden schließlich wir selbst."

Schon über den Tod nachzudenken gibt dir Individualität, eine Form, eine Gestalt, eine Bestimmung – denn es ist *dein* Tod. Es ist das einzige auf der Welt, das einzigartig ist.

Und wenn du über den Selbstmord nachdenkst, wird es sogar noch persönlicher; es ist deine Entscheidung.

Und denk daran, ich sage nicht, daß du hingehen und Selbstmord begehen sollst. Ich sage, daß dein Leben, so wie es ist, auf den Selbstmord hinführt. Ändere es.

Denke über den Tod nach. Er kann jeden Moment kommen, also halte es nicht für morbide, über den Tod nachzudenken. Es ist nicht morbide, denn der Tod ist der Höhepunkt des Lebens, sein eigentliches Crescendo. Du mußt davon Notiz nehmen. Vergiß das nicht. Der Tod kommt näher, ganz gleich, ob du Selbstmord begehst oder ob er von selbst kommt... aber er kommt näher. So muß es sein. Du mußt dich darauf vorbereiten, und die einzige Art, dich auf den Tod vorzubereiten – die richtige Art – ist nicht, Selbstmord zu begehen; die richtige Art ist, in jedem Moment die Vergangenheit sterben zu lassen. Das ist die richtige Art. Das sollte ein Sannyasin tun: in jedem Moment die Vergangenheit sterben lassen, die Vergangenheit nicht einen einzigen Moment mit sich herumtragen. Stirb jeden Augenblick für die Vergangenheit und werde in der Gegenwart wieder geboren. Das wird dich frisch halten, jung, pulsierend, voll Ausstrahlung, das wird dich lebendig halten, vor Leben sprudelnd, fasziniert und ekstatisch. Und ein Mensch, der in jedem Moment die Vergangenheit sterben lassen kann, weiß auch, wie man stirbt – und das ist die größte Fertigkeit, die größte Kunst –, wenn der Tod zu so einem Menschen kommt, wird er mit ihm tanzen! Ihn umarmen – er ist ein Freund, kein Feind. Es ist Gott, der in der Form des Todes zu dir kommt. Es ist die vollkommene Entspannung in die Existenz hinein. Es bedeutet, wieder eins mit dem Ganzen zu werden, wieder zum Ganzen zu werden.

Aus der Serie: „The Heart Sutra"

Das Leben ist eine Frau

Bhagwan, warum ist dieses Leben, das keinen Anfang und kein Ende hat, so geheimnisvoll? Bitte erkläre.

Nicht nur, daß ich euch absurde Antworten gebe, jetzt stellt ihr auch noch absurde Fragen. Warum ist dieses Leben so geheimnisvoll? Wie soll ich das wissen? Es ist so. Es ist einfach eine Tatsache, ich spreche nicht über Theorien. Ich sage nicht, meine Theorie ist, daß das Leben geheimnisvoll ist – dann könntest du fragen: „Warum?" Es ist einfach so. Die Bäume sind grün. Du fragst: „Warum?" Die Bäume sind grün, weil sie grün sind. Es gibt keine Frage nach dem Warum.

Wenn du „Warum" fragen kannst und wenn die Frage zu beantworten wäre, dann wäre das Leben kein Geheimnis. Wenn das „Warum" beantwortet werden kann, kann das Leben kein Geheimnis sein. Das Leben ist ein Geheimnis, weil bei ihm das „Warum" nicht von Bedeutung ist.

Warum ist dieses Leben, das kein Ende und keinen Anfang hat, so geheimnisvoll? Jetzt machst du mir auch noch Schuldgefühle, als ob ich dafür verantwortlich bin, daß das Leben keinen Anfang und kein Ende hat. Zumindest die sollte es haben! Ich stimme vollkommen mit dir überein, aber was soll ich machen? Es hat keinen Anfang und kein Ende.

Ich habe gehört:

Mulla Nasrudin sagte zu einem seiner Schüler, das Leben sei wie eine Frau. Ich war überrascht, deshalb hörte ich aufmerksam zu, was er sagte.

Er sagte: „Der Mann, der sagt, er verstehe Frauen, prahlt. Der Mann, der denkt, er verstehe sie, ist leichtgläubig. Der Mann, der vorgibt, sie zu verstehen, täuscht sich selbst. Der Mann, der sie verstehen möchte, hat nur Sehnsucht nach ihnen. Andrerseits: der Mann, der nicht sagt, daß er sie versteht, der nicht denkt, daß er sie versteht, der nicht vorgibt, sie zu verstehen, der sie nicht einmal verstehen will – der versteht sie!"

Und so ist es auch mit dem Leben. Das Leben ist eine Frau. Versuche, das Leben zu verstehen, und du sitzt in der Klemme. Vergiß den Wunsch zu verstehen. Lebe einfach, und du wirst es verstehen. Das Verstehen wird dann nicht intellektuell, theoretisch sein; das Verstehen wird dann allumfassend sein. Das Verstehen wird nicht verbal, es wird nonverbal sein. Das meinen wir damit, wenn wir sagen, das Leben ist ein Geheimnis. Man kann es leben, aber nicht lösen.

Du kannst wissen, was es ist, aber du kannst nicht sagen, was es ist. Das ist die Bedeutung eines Geheimnisses. Wenn wir sagen, das Leben ist ein Geheimnis, sagen wir damit, das Leben ist kein Problem. Ein Problem kann man lösen. Ein Geheimnis ist etwas, das man nicht lösen kann. Die Unlösbarkeit ist darin enthalten. Und es ist gut, daß das Geheimnis des Lebens nicht gelöst werden kann, denn was wäre dann noch zu tun? Denke einmal darüber nach. Wenn das Leben kein Geheimnis mehr ist, und jemand daherkommt und es dir erklärt – was bliebe dir dann noch zu tun? Es bliebe dir nichts weiter übrig, als Selbstmord zu begehen. Und sogar das würde sinnlos erscheinen.

Das Leben ist ein Geheimnis; je besser du es kennst, umso schöner ist es. Es kommt ein Augenblick, in dem du plötzlich beginnst, es zu leben, mit ihm zu fließen. Eine orgasmische Beziehung entwickelt sich zwischen dir und dem Leben, aber du kriegst nicht heraus, was es ist. Darin liegt seine Schönheit, darin besteht seine unendliche Tiefe.

Und natürlich hat es keinen Anfang und kein Ende. Wie sollte das Leben Anfang und Ende haben? Ein Anfang würde bedeuten, daß etwas aus dem Nichts entstanden ist, und ein Ende würde bedeuten, daß etwas da war und in das Nichts entschwunden ist. Das wäre ein noch größeres Geheimnis. Wenn wir sagen, das Leben hat keinen Anfang, dann sagen wir damit nur, daß es immer da war. Wie kann es einen Anfang geben? Kann man eine Linie ziehen und sagen, daß das Leben in diesem Moment anfing, so wie christliche Theologen es behaupteten? Genau viertausend Jahre vor Christus, sagten sie, begann das Leben an einem bestimmten Montag. Natürlich, es muß am Morgen gewesen sein. Aber wie kann man von einem Montag sprechen, wenn kein Sonntag davor war? Und wie kann man es Morgen nennen, wenn keine Nacht davor lag? Denke einmal darüber nach.

Nein, man kann keine Linie ziehen, das ist dumm. Es ist nicht einmal möglich, eine Linie zu ziehen, weil schon etwas da sein muß, um eine Linie zu ziehen. Irgendetwas muß ihr vorausgehen, sonst ist keine Grenzlinie möglich. Man kann eine Linie ziehen, wenn zwei Dinge vorhanden sind, aber wenn nur eine Sache da ist, wie kann man da eine Linie ziehen? Der Zaun um dein Haus herum ist möglich, weil es einen Nachbarn gibt. Wenn es keinen Nachbarn gäbe, nichts jenseits des Zauns, könnte der Zaun nicht existieren. Denke darüber nach. Wenn es überhaupt nichts jenseits deines Zauns gäbe, würde ein Zaun ins Nichts fallen. Wie sollte er dann existieren? Auf der anderen Seite des Zauns muß etwas sein, was ihn hält.

Wenn das Leben an einem bestimmten Montag begonnen hat, dann muß ihm ein Sonntag vorausgegangen sein. Sonst würde der Montag fallen, umkippen und verschwinden. Und ebenso wenig ist irgendein Ende möglich. Das Leben *ist,* das Leben *ist* einfach. Es war, es wird sein. Es ist Ewigkeit.

Und fange nicht an, darüber nachzudenken. Sonst wirst du es verpassen, denn all die Zeit, die du damit verbringst, darüber nachzudenken, ist schlichtweg verloren. Nutze die Zeit, nutze den Raum, nutze die Energie, um es zu leben.

aus der Reihe: „The Art Of Dying"

Seifenblasen

Ein Zen-Meister lag im Sterben. Im letzten Augenblick öffnete er die Augen und fragte seine Schüler, die sich versammelt hatten – Tausende von Schülern, denn er war ein großer Meister: „Kann jemand einen Vorschlag machen, wie ich sterben soll? Die Leute sterben im Bett. Ich würde gerne etwas Neues ausprobieren!"

Sie waren schockiert! Was für eine Frage stellte er da? Wer hätte je gehört, daß jemand fragte, wie er sterben sollte? Die Menschen fragen nicht einmal, wie sie leben sollen! Die Menschen leben weiter, ohne je zu fragen, wie sie leben sollten, und hier ist ein Mensch, der nicht einmal sterben kann, ohne zu fragen, wie er sterben soll. Er möchte es zu einer kleinen Feier machen, zu etwas Besonderem.

Als er sah, daß die Schüler schwiegen, schlug er selbst vor: „Habt ihr je gehört, daß jemand im Sitzen starb, wie ein Buddha, in *padmasan?*"

Ein Mann sagte: „Ja, ich weiß von einem Zen-Meister, der im Lotussitz starb."

Daraufhin sagte der alte Mann: „Dann ist es nichts! Wenn es schon jemand getan hat, lohnt es sich nicht, daß ich es wiederhole. Habt ihr von jemand gehört, der starb, während er stand, so wie Mahavira?" Mahavira pflegte beim Meditieren zu stehen. Das ist einmalig, einzigartig; normalerweise stehen Menschen nicht beim Meditieren. Das ist der Grund, warum ihr in Indien Tausende von stehenden Mahavirastatuen findet. Ihr werdet keine einzige Statue finden, die Buddha im Stehen zeigt; er sitzt immer. Die sitzende Haltung war schon immer die Meditationshaltung, aber Mahavira war von eigener Art.

Jemand sagte: „Ja, wir haben davon gehört – wir haben es nicht gesehen, aber wir haben davon gehört: Vor Urzeiten ist ein gewisser Zen-Meister im Stehen gestorben."

Der alte Mann sagte: „Dann ist es nichts! Findet schnell etwas, denn der Tod ist schon nahe! Habt ihr je von jemand gehört", fragte er, „der im Kopfstand gestorben ist?"

Niemand hatte davon gehört oder sich auch nur vorstellen können, daß jemand auf dem Kopf stehend sterben könnte, in *shirshasan,* im Kopfstand. Sie sagten: „Nein, wir haben nicht davon gehört, wir haben nicht einmal daran gedacht!"

Der alte Mann sagte: „Dann ist es genau das Richtige!" Er stellte sich auf den Kopf.

Jetzt war es schwierig zu entscheiden, ob er schon gestorben war oder nicht. Und die Schüler fürchteten sich auch, ihn zu stören, nun, da er auf dem Kopf stand. Sie versuchten… „Er hat beinahe aufgehört zu atmen. Aber wie kann ein Mann weiterhin auf dem Kopf stehen, wenn er tot ist? Er muß doch umfallen! Was sollen wir tun? Und etwas derartiges ist nie zuvor geschehen!" Sonst weiß man, was zu tun ist, wenn ein Mensch stirbt, was getan werden muß. Aber niemand hatte von jemandem gehört, der im Kopfstand starb, also gab es keinen Präzedenzfall: „Was muß nun unternommen werden?"

Jemand erinnerte sich daran, daß er eine alte Schwester hatte, die Nonne war; sie lebte in einem Kloster in der Nähe; sie war älter als er. Also rannten sie hin, und sie fragten die alte Nonne. Sie sagte: „Ich komme. Dieser alte Narr! Ist das eine Art zu sterben? Ich werde ihm eine Lektion erteilen! Mit ihm hat es immer Ärger gegeben, ich sage es euch." Die alte Frau sagte: „Selbst zu Lebzeiten war er ekzentrisch. Ist das nun eine Art zu sterben?"

Sie regte sich nicht etwa über den Tod auf! Sie kam und schrie den alten Mann an: „Das ist nicht recht! Und so etwas Dummes zu tun und deinen Schülern Schwierigkeiten zu machen! Gehört sich das für dich? Steh auf und sei normal!"

Da lachte der alte Mann, stand auf, legte sich auf das Bett und sagte: „Schon gut, dann sterbe ich eben auf normale Weise" – und starb.

Nehmt den Tod nicht zu ernst! Nichts ist ernst, weder das Leben noch der Tod, weil letztlich nichts von Bedeutung ist. Leben und Tod sind nur Episoden in der Ewigkeit der Zeit, nur Seifenblasen – sowohl das Leben als auch der Tod.

aus der Reihe: „The Guest"

Nutze das Leben – nutze den Tod

Während du meditierst, laß deinen Körper in den Tod hineinsinken. Es wird nur in deiner Vorstellung sein, aber sogar das wird helfen. Frage nicht, wie die Vorstellung helfen kann. Die Vorstellung funktioniert auf ihre eigene Weise. Zum Beispiel gibt es jetzt wissenschaftliche Experimente. Du setzt dich hin. Ein Arzt ist da und beobachtet deinen Pulsschlag. Innerlich fängst du an, ärgerlich zu werden; du stellst dir vor, daß du kämpfst, wütend bist. Dein Pulsschlag wird hochgehen.

Stelle dir einfach in deinem Inneren vor, daß du stirbst, daß du gleich sterben wirst. Werde still und fühle, wie der Tod sich niedersenkt. Dein Pulsschlag wird sich verlangsamen. Der Pulsschlag ist etwas sehr Körperliches, und du hast dir das einfach nur vorgestellt. Vorstellung ist nicht unwirklich. Sie ist auch wirklich. Wenn du wirkliche Vorstellungskraft besitzt, kann sogar der wahre Tod eintreten. Wenn du wirkliche Vorstellungskraft besitzt, kannst du körperliche Dinge beeinflussen.

Vielleicht hast du eine Hypnosevorführung beobachtet. Wenn nicht, kannst du dies leicht zuhause machen. Es ist nicht schwierig, es ist sehr leicht. Nimm dein Kind als Medium. Wenn das Kind ein Mädchen ist, ist das besser, als einen Jungen zu nehmen, denn ein Junge zweifelt mehr als ein Mädchen, und ein Junge ist immer eher in kämpferischer Stimmung als zur Zusammenarbeit bereit. Ein Junge bedeutet – eine kämpferische Stimmung.

Zusammenarbeit ist nötig. Sage dem Kind einfach, daß es sich entspannen soll, und suggeriere ihm immer wieder:

„Du gehst in eine tiefe Trance, in eine tiefe Trance, du schläfst ein. Deine Augenlider werden schwer, schwer, schwerer." Sprich mit monotoner Stimme: „Schwerer, schwerer, schwerer." Sprich monoton, so, als ob du ebenfalls schläfrig würdest.

Innerhalb von fünf Minuten wird das Kind tief schlafen. Dies ist kein normaler Schlaf. Dies ist eine hypnotische Trance. Sie ist grundlegend und qualitativ anders als der Schlaf, denn jetzt kann das Kind nur deine Stimme hören. Es gibt nichts anderes, was er oder sie hören kann. Wenn ein anderer spricht, ist das Kind taub. Wenn du sprichst (die Person, die es hypnotisiert hat), kann es noch immer hören: es wird deine Anweisungen befolgen.

Versuche einige Experimente. Sag zu dem Kind: „Dies ist eine brennendheiße Kohle, die ich dir in die Hand gebe. Du wirst dich verbrennen." Gib dem Kind einen gewöhnlichen Stein in die Hand – einen kalten Stein, der nichts Heißes an sich hat. Das Kind wird ihn sofort von sich werfen, denn der Verstand hat die Vorstellung, es sei brennende Kohle, heiß, und daß es sich die Hand verbrennen wird. Es wird ihn fortschleudern. Es wird schreien, als ob es etwas Heißes berührt hätte.

Aber das Wunder ist: Du wirst tatsächlich entdecken, daß seine Hand verbrannt ist. Was ist passiert? Es ist gar nicht möglich, sich an einem kalten Stein zu verbrennen, aber das Kind ist genauso verbrannt, als hätte ihm jemand eine glühende Kohle in die Hand gedrückt. Das war reine Vorstellungskraft. Deshalb sagen jene, die in den menschlichen Verstand eingedrungen sind, daß die Vorstellung genauso real wie alles andere ist. Vorstellungskraft ist nicht *nur* Vorstellungskraft, denn ihre Resultate werden zu Tatsachen.

Mache folgendes Experiment: Laß dich zu Boden fallen, lieg still, und fühl dich so, als ob du sterben würdest. Der

Körper stirbt ab. Nach und nach spürst du eine Schwere über den Körper kommen. Der ganze Körper wird zu einem toten Gewicht, schwer wie Blei. Rede dir ein: „Sogar wenn ich meine Hand in eine andere Stellung bringen will, so kann ich sie nicht bewegen." Dann versuche, sie zu bewegen, und es wird dir nicht möglich sein. Jetzt ist die Vorstellungskraft am Werk.

In diesem Zustand, wenn sich dein Körper wie ein totes Gewicht anfühlt, kannst du dich leicht von den Aktivitäten der Welt lösen. Deshalb schlage ich es vor. Du kannst nun inaktiv werden, weil du tot bist. Jetzt kannst du fühlen, daß alles gestorben und die Brücke zwischen dir und der Welt abgebrochen ist. Der Körper ist die Brücke. Wenn der Körper tot ist, kannst du nichts tun. Kannst du irgendetwas ohne den Körper tun? Nichts kannst du ohne den Körper tun.

Jede Aktivität geschieht durch den Körper. Der Verstand kann darüber nachdenken, aber nichts tun. Du bist machtlos geworden; du kannst nichts tun. Du bist innen, die Welt ist außen; das Fahrzeug ist tot und die Brücke zerstört. In diesem Zustand des körperlichen Totseins, wenn die Brücke zerstört ist, wird die Energie anfangen, sich nach innen zu bewegen, weil sie sich nach außen nicht bewegen kann. Der Weg nach außen ist blockiert und verschlossen, jetzt bewege dich also nach innen. Sieh dich selbst im Herzzentrum stehen; schau dir die Einzelheiten des Körpers an. Du wirst dich sehr sonderbar fühlen, wenn du zum ersten Mal aus dem Inneren deines Körpers herausschauen kannst.

Tantra, Yoga, die Ayurveden, alle alten Physiologien, alle alten physiologischen Schulen bezogen und erfuhren ihr Wissen aus solchen nach innen gerichteten meditativen Techniken. Die moderne Physiologie gewinnt ihre Kenntnisse durch Sezieren, aber die alte Physiologie hat durch Meditation erfahren, nicht durch Sezieren. Und jetzt gibt es eine Schule sehr avantgardistischer medizinischer Denker, die sagen, wenn du einen Körper sezierst und etwas erfährst, lernst du etwas kennen, was tot ist, und was auch immer du aus einem toten Teil für Schlüsse ziehst, für den lebendigen Körper ist das irrelevant.

Das mag stimmen. Wenn du mir Blut abnimmst und es untersuchst, dann untersuchst du totes Blut. Es ist nicht das gleiche Blut, das in mir floß. Nach außen hin ist es das gleiche, aber in mir war es ein lebendiges Geschehen, ein lebender Strom, Teil eines Mechanismus, eines organischen Ganzen. Jetzt ist es tot. So, als ob du meine Augen herausreißen würdest, und sie dann untersuchst. Als sie in mir waren, war ich dahinter und in ihnen. Jetzt sind sie tote Steine, und was immer du über diese Augen erfahren wirst, ist nichts über meine Augen, denn der grundlegende, essentielle Teil davon fehlt: Ich bin nicht da. Die Augen waren Teil eines großen Ganzen.

Ihre gesamte Qualität bestand darin, Teil eines großen Ganzen zu sein. Jetzt sind sie unabhängig, kein Teil mehr von irgendetwas. Das Muster ist durchbrochen, der lebendige Kontakt ist verloren. Alle Traditionen des Yoga und Tantra sagen, ehe du nichts über den lebendigen Körper erfahren hast, ist dein Wissen ein falsches Wissen. Aber wie kannst du etwas über den lebendigen Körper erfahren? Da gibt es nur einen Weg: in dich selbst einzutreten und dich nach innen zu bewegen, um die Einzelheiten deines Körpers anzuschauen. Eine andere Welt wird sich offenbaren, eine lebendige Welt.

Also das ist das erste: Sei in deinem Herzen zentriert, schau dir deinen Körper an, gehe im Innern herum. Zwei Dinge werden geschehen: erstens, du wirst dich nicht mehr als der Körper fühlen. Du kannst ihn nicht spüren. Du bist der Beobachter – derjenige, der bewußt ist, aufmerksam, derjenige, der sieht, nicht derjenige, der gesehen wird. Zum ersten Mal ist der Körper lediglich die Bekleidung, du unterscheidest dich von ihm. Und das zweite ist: du empfindest sofort: „Ich kann nicht sterben."

Es wird dir sonderbar vorkommen, eine Methode zu benutzen, eine imaginative Methode des Todes, und dann an einem Punkt der Unsterblichkeit anzukommen. Plötzlich weißt du: „Ich kann nicht sterben." Du hast andere gesehen, die gestorben sind. Was ist mit ihnen geschehen? Ihre Körper sind gestorben; daraus hast du geschlossen, daß sie tot sind. Jetzt kannst du sehen, daß der ganze Körper tot daliegt, und du bist lebendig.

Also ist der Tod des Körpers nicht dein Tod. Der Körper stirbt, und du machst weiter. Wenn du mit dieser Technik beharrlich weitergehst, ist der Zeitpunkt nicht weit, an dem du aus deinem Körper austreten und ihn von außen anschauen kannst – deinen Körper, der tot vor dir liegt. Es ist nicht sehr schwierig. Wenn du das einmal erfahren hast, wirst du nie mehr derselbe sein. Du wirst wiedergeboren sein; du wirst ein *dwij* – ein zweimal Geborener sein. Jetzt beginnt ein neues Leben.

Ich habe euch gestern von einem Astrologen erzählt, der versprochen hatte, mein Lebenshoroskop zu erstellen. Er starb, bevor er es tun konnte, also mußte sein Sohn das Horoskop erstellen. Aber er war genauso verblüfft. Er sagte: „Es ist beinahe sicher, daß dieses Kind im Alter von einundzwanzig sterben wird. Alle sieben Jahre muß er dem Tod ins Auge schauen." Also waren meine Eltern, meine Familie ständig über meinen Tod beunruhigt. Wann immer ich an die Siebenjahres-Grenze kam, ängstigten sie sich, und das zurecht. Mit sieben Jahren überlebte ich, aber ich hatte eine tiefe Erfahrung des Todes - nicht meines eigenen, sondern von dem meines Großvaters mütterlicherseits. Und ich habe so an ihm gehangen, daß sein Tod mir wie mein eigener vorkam.

In meiner eigenen kindlichen Art ahmte ich seinen Tod

nach. Drei Tage lang aß ich nichts, trank kein Wasser, weil ich das Gefühl hatte, wenn ich es täte, sei es ein Verrat. Ich liebte ihn so sehr, er liebte mich so sehr; als er noch lebte, erlaubte er mir nie, zu meinen Eltern zu gehen. Ich lebte bei meinem Großvater mütterlicherseits. Er sagte: „Erst wenn ich sterbe, dann kannst du gehen." Er lebte in einem sehr kleinen Dorf, also konnte ich nicht in die Schule gehen, weil es keine Schule gab. Er hätte mich nie verlassen, aber dann kam die Zeit, wo er starb. Er bildete einen wesentlichen Bestandteil von mir. Ich bin in seiner Gegenwart, seiner Liebe aufgewachsen.

Als er starb hatte ich das Gefühl, es sei Verrat zu essen. Jetzt wollte ich nicht mehr leben. Es war kindisch, aber dadurch ist etwas sehr Tiefes geschehen. Drei Tage lang blieb ich liegen, ich stand nicht vom Bett auf. Ich sagte: „Wenn er tot ist, will ich nicht leben." Ich überlebte, aber diese drei Tage wurden zu einer Erfahrung des Todes. Auf eine Art starb ich und erkannte – jetzt kann ich es sagen, aber zu der Zeit war es nur eine vage Erfahrung – ich empfand, daß es unmöglich ist zu sterben. Es war ein Gefühl.

Dann, im Alter von vierzehn, sorgte sich meine Familie wieder darum, daß ich sterben würde. Wieder überlebte ich, versuchte es aber wieder auf bewußte Weise. Ich sagte zu ihnen: „Wenn der Tod eintreten wird, so wie der Astrologe es vorausgesagt hat, dann ist es besser, vorbereitet zu sein. Und warum dem Tod eine Chance geben? Warum sollte ich nicht gehen und ihn auf halber Strecke treffen? Wenn ich sterben werde, dann ist es besser, bewußt zu sterben."

Also nahm ich sieben Tage Urlaub von der Schule. Ich ging zu meinem Direktor und sagte: „Ich werde Sterben." Er sagte: „Was redest du da für einen Unsinn! Willst du Selbstmord begehen? Was meinst du damit, daß du sterben wirst?"

Ich erzählte ihm von der Voraussage des Astrologen, daß ich alle sieben Jahre meines Lebens mit der Möglichkeit des Todes konfrontiert sei. Ich sagte zu ihm: „Ich werde mich sieben Tage lang zurückziehen, um auf den Tod zu warten; wenn der Tod kommt, ist es gut, ihm bewußt zu begegnen, damit er zu einer Erfahrung werden kann."

Ich ging zu einem Tempel am Rande meines Dorfes. Ich richtete es so ein, daß der Priester mich nicht störte. Es war ein sehr einsamer Tempel, ohne Besucher – alt, eine Ruine. Nie kam jemand. Also sagte ich zu ihm: „Ich bleibe im Tempel. Nur einmal am Tag gibst du mir etwas zu essen und zu trinken, und ich werde den ganzen Tag da liegen und auf den Tod warten."

Sieben Tage lang wartete ich. Diese sieben Tage wurden zu einer wunderschönen Erfahrung. Der Tod ist nicht gekommen, aber von meiner Sicht aus habe ich alles versucht, um tot zu sein. Seltsame, wunderliche Empfindungen kamen. Viele Dinge geschahen, aber der Grundton davon war – wenn du glaubst, du stirbst, wirst du ruhig und still. Nichts macht dir mehr Sorgen, denn alle Sorgen hängen mit dem Leben zusammen. Das Leben ist die Grundlage aller Sorgen. Wenn du eines Tages sowieso stirbst, wozu sich sorgen?

Ich lag da. Am dritten oder vierten Tag kam eine Schlange in den Tempel. Sie war in Sichtweite; ich sah die Schlange. Aber Angst war keine da. Auf einmal fühlte ich mich sehr sonderbar. Die Schlange kam immer näher, und ich fühlte mich sehr sonderbar. Es war keine Angst da. Also dachte ich: „Sollte der Tod kommen, so kommt er vielleicht in der Gestalt dieser Schlange, wozu also Angst? Warte ab!"

Die Schlange kroch über mich hinüber und entfernte sich. Angst war verschwunden. Wenn du den Tod akzeptierst, ist keine Angst da. Wenn du am Leben festhältst, dann macht alles Angst.

Viele Male flogen Fliegen um mich herum. Sie flogen um mich herum, krabbelten auf mir herum, auf meinem

Gesicht. Manchmal war ich davon irritiert und wollte sie abschütteln, aber dann dachte ich: „Was soll das? Früher oder später sterbe ich sowieso, und dann ist keiner mehr da, um den Körper zu beschützen. Also, laß sie."

In dem Moment, wo ich entschied, sie in Ruhe zu lassen, verschwand die Irritation. Sie saßen noch immer auf meinem Körper, aber es war so, als ginge mich das nichts an. Es war so, als ob sie auf jemand anderes Körper herumkriechen würden. Es war sofort eine Distanz da. Wenn du den Tod zuläßt, wird eine Distanz geschaffen. Das Leben, mit seinen Kümmernissen, Belästigungen, alles rückt in weite Ferne.

Auf eine Art bin ich gestorben, aber ich machte die Erfahrung, daß es etwas Unsterbliches gibt. Wenn du den Tod vollkommen akzeptierst, wird dir das bewußt.

Und dann, als ich einundzwanzig war, wartete meine Familie wieder. Also sagte ich zu ihnen: „Warum wartet ihr noch? Wartet nicht. Diesmal werde ich nicht sterben"

Körperlich werde ich natürlich eines Tages sterben. Trotzdem half mir diese Voraussage des Astrologen sehr, denn sie machte mich bereits sehr früh des Todes bewußt. Ich konnte ständig darüber meditieren und sein Kommen annehmen.

Der Tod kann für tiefe Meditation genutzt werden, denn du wirst untätig. Die Energie wird von der Welt abgezogen; sie kann sich nach innen bewegen. Deshalb der Vorschlag, eine Haltung einzunehmen, die der des Todes gleicht. Nutze das Leben, nutze den Tod, um das zu entdecken, was jenseits von beiden liegt.   aus der Reihe: „The Book Of The Secrets"

Was hast du schon zu verlieren?

Ich habe von drei chinesischen Weisen gehört. Niemand kennt ihre Namen. Man kannte sie nur als die „Drei lachenden Heiligen", weil sie nie etwas anderes taten; sie lachten einfach nur.

Sie zogen von einer Stadt zur anderen – lachend. Sie pflegten sich auf den Marktplatz zu stellen und aus vollem Herzen zu lachen. Der ganze Markt versammelte sich um sie herum. Alle Menschen strömten zusammen; die Läden wurden geschlossen, Kunden vergaßen, weshalb sie gekommen waren. Diese drei Menschen waren wirklich wundervoll – einfach so zu lachen, daß ihnen die Bäuche wackelten. Es war so ansteckend – andere fingen auch an zu lachen. Am Schluß lachte der ganze Marktplatz. Sie hatten die ganze Atmosphäre des Marktes verändert. Und wenn jemand sagte: „Sagt uns etwas", dann erwiderten sie: „Wir haben nichts zu sagen. Wir lachen nur und verändern die Atmosphäre."

Gerade eben war es noch ein häßlicher Platz, wo Leute nur an Geld dachten – gierig auf Geld aus waren, nur Geld bestimmte die Atmosphäre – dann kamen plötzlich diese drei Verrückten und lachten und veränderten den ganzen Markt von Grund auf. Jetzt war niemand mehr ein Kunde. Alle hatten vergessen, daß sie gekommen waren, um zu verkaufen und zu kaufen. Niemand kümmerte sich mehr um die Gier. Sie lachten und tanzten um diese drei verrückten Menschen herum. Für wenige Sekunden öffnete sich eine neue Welt.

Sie zogen durch ganz China, von Ort zu Ort, von Dorf zu Dorf, und halfen den Menschen zu lachen, sonst nichts. Traurige Menschen, wütende Menschen, gierige Menschen, eifersüchtige Menschen – alle fingen mit ihnen zu lachen an. Und viele spürten, was der Schlüssel ist: du kannst dich ändern.

In einem Dorf dann geschah es, daß einer der drei starb. Die Dorfbewohner versammelten sich und sagten: „Jetzt wird es schwierig. Jetzt werden wir sehen, ob sie weiterlachen; ihr Freund ist gestorben, jetzt *müssen* sie weinen. Aber als sie ankamen, tanzten die Zwei umher, lachten und machten aus dem Tod ein Fest.

Die Dörfler sagten: „Das geht nun wirklich zu weit. Das ist ungebührlich. Wenn ein Mensch tot ist, ist es ungehörig zu lachen und zu tanzen."

Die beiden sagten: „Ihr wißt ja nicht, was geschehen ist. Wir haben immer darüber nachgedacht, wer von uns wohl als erster sterben würde. Dieser Mann hat gewonnen; er hat uns geschlagen. Das ganze Leben lang haben wir mit ihm gelacht. Wie können wir ihn mit etwas anderem verabschieden? Wir müssen lachen, wir müssen feiern, wir müssen uns freuen. Das ist der einzig mögliche Abschied für einen Menschen, der sein ganzes Leben gelacht hat. Und wenn wir nicht lachen, dann wird *er* uns auslachen und denken: „Ihr Narren! Also seid ihr doch wieder in die Falle gegangen?" Für uns ist er nicht tot. Wie kann Lachen sterben, wie kann das Leben sterben?"

Lachen ist ewig, Leben ist ewig, das Fest geht weiter. Die Schauspieler wechseln, aber das Stück geht weiter. Die Wellen verändern sich, aber der Ozean bleibt. Du lachst, du veränderst dich, und dann lacht ein anderer, aber das Lachen setzt sich fort. Du feierst, ein anderer feiert, aber das Feiern geht weiter. Die Existenz ist fortwährend; es ist alles in ihr enthalten. Es gibt nicht einen Augenblick lang eine Lücke darin. Aber die Dorfbewohner konnten es nicht verstehen, und an diesem Tag stimmten sie nicht in das Lachen ein.

Als der Leichnam zur Verbrennung bereit war, sagten die Leute im Dorf: „Wir werden ihn waschen, so wie es das Ritual vorschreibt."

Aber die beiden Freunde sagten: „Nein, unser Freund hat uns gebeten: ‚Führt kein Ritual durch, wechselt meine Kleider nicht und badet mich auch nicht. Legt mich auf den brennenden Holzstoß genau so wie ich bin.' Also müssen wir seinen Anweisungen folgen."

Und dann geschah plötzlich etwas Unerhörtes. Als man den Leichnam ins Feuer legte, spielte der alte Mann seinen letzten Streich. Er hatte viele Feuerwerkskörper unter seinen Kleidern verborgen, und plötzlich gab es ein Feuerwerk! Da fing das ganze Dorf an zu lachen. Die beiden verrückten Freunde tanzten, und bald tanzte das ganze Dorf. Es war kein Tod, es war ein neues Leben.

Kein Tod ist in Wirklichkeit ein Tod, denn jeder Tod öffnet eine neue Türe. Er ist ein Neubeginn. Das Leben hat kein Ende, es gibt immer einen Neubeginn, eine Auferstehung.

Wenn du Traurigkeit in Feiern verwandeln kannst, wirst du auch deinen Tod in Auferstehung verwandeln können. Lerne also die Kunst, solange du noch Zeit hast. Laß den Tod erst dann zu, wenn du das Geheimnis der Verwandlung von niederen Metallen in Gold gelernt hast. Wenn du deine Traurigkeit verwandeln kannst, kannst du auch den Tod verwandeln.

Wenn du bedingungslos feiern kannst, dann kannst du den Tod lachend begrüßen, dann kannst du ihn feiern, dann wirst du glücklich fortgehen. Und wenn du feiernd gehen kannst, dann kann der Tod dich nicht umbringen. Eher im Gegenteil, du hast den Tod getötet.

Aber fange damit an, versuche es. Du hast nichts zu verlieren. Aber die Menschen sind so dumm, daß sie, sogar
wenn sie nichts zu verlieren haben, nichts Neues versuchen
wollen. Was hast du schon zu verlieren?

aus der Reihe: „Yoga: The Alpha And The Omega"

Kopfspiele

Bhagwan,
„We're playing those mind-games together
pushing the barrier, planting seeds.
Playing the mind-guerilla,
chanting the mantra ‚peace on earth'.
We've all been playing those mind-games forever…

Love is the answer, and you know that's for sure.
Love ist the flower, you got to let it grow.
Yes is the answer, and you know that's for sure.
Yes is surrender and you got to let it grow… (*)

Vor etwa zehn Jahren hat John Lennon dieses Lied geschrieben. Jetzt ist er tot. Lennon liebte Dich sehr, obwohl er erklärte, er sei noch nicht bereit, Schüler zu werden. Ich kann diese Verbindung auch spüren. Ich würde mich freuen, wenn Du etwas über seinen Tod sagtest.

(*)   Wir spielen diese Kopfspiele miteinander,
rütteln an den Grenzen, setzen Samen,
spielen den Gedankenkrieg
und singen das Mantra „Friede auf Erden".
Diese Spiele haben wir alle schon immer gespielt…

Liebe ist die Antwort, und das weißt du ganz genau.
Liebe ist die Blume, du mußt sie wachsen lassen.
Ja ist die Antwort, und das weißt du ganz genau.
Ja ist Hingabe, und du mußt sie wachsen lassen.

Worte haben ihre eigene Magie, und die Dichter und Sänger leben in der magischen Welt der Worte – nicht in der Wirklichkeit. Sie sind kunstfertig und geschickt, sehr geschickt, was die feinen, subtilen Schwingungen der Worte, Vorstellungen und Träume betrifft – aber alles, was sie tun, ist völlig unbewußt.

Auf der einen Seite singt John Lennon:

Liebe ist die Antwort, und das weißt du ganz genau.

Er weiß es selbst nicht. Er singt:

Liebe ist die Blume, du mußt sie wachsen lassen.

Aber um das zu wissen, mußt du selbst vollkommen erwacht sein, denn die Liebe ist der höchste Gipfel der Bewußtheit. Der Dichter kann sie sich vorstellen, der Sänger kann darüber singen, der Maler kann sie malen, aber sie haben nur das Spiegelbild des Mondes im See gesehen; den Mond selbst haben sie nicht gesehen. Und natürlich ist das Spiegelbild des Mondes im See aus dem gleichen Stoff, aus dem die Träume sind. Die Dichter, die Sänger sind Träumer – keine Sehenden. Er sagt also:

Ja ist die Antwort, und du weißt das ganz genau.

Aber er selbst ist sich nicht so sicher. Wenn er sich sicher wäre, was soll dann seine Aussage, daß er mich liebe, aber noch nicht bereit sei, Schüler zu werden... Was bedeutet es, ein Schüler zu sein? Es ist einfach eine Liebesbeziehung. Es ist einfach die höchste Form von Aufeinander-bezogen-sein, von Kommunion, voll und ganz ja zu sagen, überhaupt nichts zurückzuhalten.

Er singt:

Ja ist Hingabe, und du mußt sie wachsen lassen.

112

Seine Worte klingen wahr, aber sie sind nur Spiegelungen des Mondes im See. Wenn du in den See hineinspringst, wirst du den Mond nicht finden. In Wirklichkeit wird in dem Augenblick, in dem du ins Wasser springst, das Spiegelbild verschwinden; es wird in Tausend Stücke zerbrechen. Es wird sich über den ganzen See verteilen, du wirst nicht in der Lage sein, es einzufangen. Das Spiegelbild ist schön, aber man darf nicht vergessen, daß es nur ein Spiegelbild ist, dein Wesen kann es nicht verwandeln.

Also singt er zwar: *„Liebe ist die Antwort... Liebe ist die Blume... Ja ist die Antwort... Ja ist Hingabe... und du weißt es ganz genau."* – aber er selbst ist sich dessen überhaupt nicht bewußt, er hatte die Erfahrung noch nicht. Ein wunderbarer Mensch, aber immer noch in Vorstellungen und Träumen gefangen.

Der Dichter lebt unbewußt, der Sehende lebt bewußt. Manchmal benutzen sie genau dieselben Worte – aber laß dich von den Worten nicht betrügen. Wenn du wirklich wissen willst, ob die Worte die Realität widerspiegeln oder nur leere Wünsche sind, dann mußt du dir das Leben dieses Menschen anschauen.

Kahlil Gibran hat unglaublich schöne Worte geschrieben. Sie kommen so nahe an Christus heran, an Zarathustra, an Lao-Tse, an Gautama Buddha, daß man denken könnte, Kahlil Gibran sei erleuchtet. Vielleicht übertrifft er sogar Lao-Tse, Buddha und Christus, was den Ausdruck betrifft; seine Ausdrucksweise mag bei weiten schöner sein, denn er ist ein geschickter Dichter, ein sehr kunstfertiger Maler. Er ist so feinfühlig, daß er Schönheit zu würdigen weiß, aber so sehr er sie auch schätzt, er bleibt unbewußt dabei.

Buddha sagt die Dinge vielleicht nicht so schön, denn im herkömmlichen Sinne ist er kein Poet, aber was immer er auch sagt, ist die Wahrheit. Seine Worte mögen dazu nicht ausreichen... tatsächlich reichen Worte niemals aus, um die Wahrheit zu beschreiben; Worte sind immer unzulänglich. Also urteile nicht nach den Worten.

...Aber Kahlil Gibran oder John Lennon muß man beobachten, um zu wissen, ob ihre Wahrheiten wirklich Wahrheiten sind, oder aus Träumen, Phantasien, Vorstellungen bestehen; ob sie diese Dinge wirklich kennen, oder ob es sich bloß um leere Wünsche handelt. Du mußt den Buddha beobachten...

Man berichtet, daß Buddha gesagt hat: „Kümmert euch nicht so sehr darum, was ich sage, schaut mich lieber an, beobachtet mich, fühlt mich. Laßt die Worte verschwinden. Laßt die Worte nicht zwischen euch und mir stehen. Erfahrt meine Stille, fühlt die Energie, die mich umgibt, schwingt mit mir mit – nur dann werdet ihr verstehen können, was ich sage."

Wenn du einen Buddha – seine Worte – verstehen willst, dann mußt du sein Leben anschauen.

Buddha betonte: „Folgt nicht meinen Worten, folgt dem was ich tue, folgt dem, was ich bin."

Ich kann sehen, daß diese Worte wunderschön sind:

Wir spielen Kopfspiele miteinander,
rütteln an den Grenzen, setzen Samen.

Aber Lennon hat in seinem Leben selbst das gleiche getan, Kopfspiele gespielt. Wenn du einmal erkannt hast, daß du dich in Kopfspiele verstrickt hast, sind sie schon vorbei. Sie zu kennen bedeutet ihr Verschwinden, sie schwinden dahin. Du kannst in ein Kopfspiel gar nicht verstrickt sein, wenn du dir dessen bewußt bist, daß es ein Spiel ist. Du kannst nur darin verstrickt sein, wenn du es für die Wirklichkeit hältst. Wenn du vollständig vergißt, daß es nur ein Spiel ist, nur dann bist du identifiziert und beteiligt.

Wir spielen den Gedankenkrieg
und singen das Mantra „Friede auf Erden".
Diese Spiele haben wir alle schon immer gespielt.

Aber du brauchst sie nicht für immer weiterzuspielen. Es hat Menschen gegeben, die mit diesen Spielen aufgehört haben, aber der einzige Weg, mit diesen Spielen aufzuhören, ist Meditation; einen anderen hat es noch nie gegeben. Meditation bedeutet, in einen Zustand der Gedankenlosigkeit („no-mind") einzutreten.

Wenn er mich wirklich geliebt hätte, dann hätte ihn nichts davon abgehalten, wirklich hierher zu kommen. Mich zu lieben, bedeutet Meditation zu lieben, aber vor Meditation muß er Angst gehabt haben. Wenn er sagt, er sei nicht bereit dazu, Schüler zu werden, dann muß er Angst vor Meditation, vor Hingabe gehabt haben, Angst davor, ja zu sagen, sich zu verlieben. Warum? – weil Dichter, Sänger, Bildhauer, Musiker die egoistischsten Menschen auf der ganzen Welt sind. Sie reden über die Egolosigkeit, über das Ja-Sagen, über Liebe und Hingabe, aber das ist reines Gerede.

Sie sind sehr egoistische Menschen, sie übertreffen bei weitem die Politiker und Priester, ganz einfach, weil sie talentiert sind. Politiker sind keine begabten Menschen – sie sind drittklassig, sie gehören der Welt der Mittelmäßigen an. Aber Dichter, Sänger, Musiker, Maler, das sind begabte Menschen. Sie haben wirklich etwas, womit sie prahlen können, sie besitzen etwas. Ihr Ego hat eine solide Grundlage. Der Politiker baut sein Haus auf Treibsand, aber der Dichter – jeder kreative Mensch – baut sein Ego auf festem Boden, auf Felsen. Sein Fundament ist aus Beton, nicht aus Sand. Deshalb hat er allen Anlaß dazu, egoistisch zu sein, aber die

Gefahr ist dann noch größer; er wird der letzte Mensch sein, der sich hingibt, und sein ganzes Leben wird er über Hingabe, über die Egolosigkeit und die Liebe reden.

Kahlil Gibran hat über Liebe, Hingabe, über Ja-Sagen gesprochen, aber sein ganzes Leben war ein Kampf. Er kämpfte ständig mit den Menschen, die er liebte. Er redete über Mitgefühl, war aber selbst ein sehr zorniger Mensch. Er verfiel aus geringfügigen Gründen in kindische Wutanfälle – jeder Anlaß war ihm recht. Er warf mit Sachen um sich, zerschmetterte Dinge – er drehte durch. Die Menschen, die mit ihm zusammenlebten, lebten in ständiger Angst vor ihm, die Frauen, die ihn liebten, waren ständig unglücklich.

Und das ist der Mann, der das großartige Buch „Der Prophet" geschrieben hat. Es steht in einer Reihe mit den zehn größten Büchern der Welt, und wird für immer eines der größten bleiben; es ist nicht möglich, daß irgend jemand es übertrifft. Und es stammt von einem Mann, der sehr zornig, sehr, sehr eifersüchtig und sehr egoistisch war.

Wilhelm Reich hat darüber geschrieben, wie man Eifersucht loswerden könne – denn Eifersucht ist *das* Gift für die Liebe, sie zerstört die Wurzeln der Liebe. Und Wilhelm Reich ist, nach Sigmund Freud, einer der größten kreativen Psychoanalytiker. Aber seine Frau schreibt etwas ganz anderes – sie schreibt über ihn: „In meinem ganzen Leben habe ich noch nie einen so eifersüchtigen Menschen gesehen. Er nahm sich selbst alle Freiheiten heraus, er war mit vielen Frauen zusammen!" – er sprach über die Freiheit und darüber, daß eine Beziehung auf keinen Fall eine Fessel sein solle, aber bei seiner eigenen Frau war er sehr eifersüchtig. Beinahe vierundzwanzig Stunden am Tag spielte er den Detektiv, spionierte ihr nach, wo sie gerade war, mit wem sie zusammen war, was sie tat, ob sie mit einem anderen Mann glücklich aussah. Wenn er verreiste, trug er seinen Freunden auf, sie zu beobachten…

Schließlich mußte seine Frau sich scheiden lassen – es war eine zu große Quälerei. Er nahm sich alle Freiheiten heraus, er war mit vielen Frauen zusammen, und seine Frau durfte nicht einmal Freunde haben, geschweige denn Liebhaber.

Du mußt das *Leben* eines Menschen betrachten, denn nur das ist ausschlaggebend.

Also, Lennon hat sich ständig mit seiner eigenen Frau gestritten – sie haben sich viele Male getrennt und sind viele Male wieder zusammengekommen – und er redete über die Kopfspiele, dabei hat er diese Spiele selbst gespielt!

Die Worte sind wunderschön: *Liebe ist die Antwort.* Auch ich sage, Liebe ist die Antwort, aber ich *meine* es auch! Er meint es nicht, er redet einfach schöne Worte. Schöne Worte haben ihre eigene hypnotische Qualität. Sie fangen den Verstand der Sänger, der Poeten und der Musiker ein; sie verlieben sich in die schönen Worte. Er muß in das Wort „Liebe" verliebt sein – und erinnere dich daran, das Wort „Liebe" ist nicht Liebe, das Wort „Gott" ist nicht Gott, das Wort „Ja" ist nicht Ja.

Das Ja ist eine vollkommen andere existentielle Erfahrung. Ja sagen heißt, dein Ego vollständig fallenlassen. Hingabe bedeutet, im Ganzen zu verschwinden. Er war ein netter Mensch, aber genauso unbewußt wie du es bist. Deshalb sagst du:

Ich kann diese Verbindung auch spüren.

Sicher fühlst du es!

Jetzt ist der arme Mann tot. Jemand hat das Spiel gespielt – das Kopfspiel – und ihn umgebracht. Viele Fragen sind zu mir gekommen, ich solle etwas über seinen Tod sagen. Für mich sind Geburt und Tod ohne jede Bedeutung.

Es gibt viele Wege zu sterben, und der beste Weg ist es, ermordet zu werden – wenigstens bist *du* dann nicht verantwortlich! Am schlimmsten ist es, in deinem Bett zu sterben, und 99 % der Menschen wählen es, in ihrem Bett zu sterben. Hüte dich vor dem Bett, denn das ist der gefährlichste Ort der ganzen Welt. Alle Unglücksfälle geschehen dort: Die Geburt findet dort statt, die Liebe, der Tod. Wenn du auf das Bett verzichten kannst, dann bist du erleuchtet!

Er ist einen guten Tod gestorben – jemand hat ihn umgebracht. Man muß sowieso sterben; wenn man schon sterben muß, dann sollte man einen guten Weg wählen. Ich glaube, er hat ihn nicht gewählt, und der Mensch, der ihn ermordete, hat ihn ebensowenig gewählt. Denn die Menschen – alle Menschen – leben in vollkommener Unbewußtheit.

Ein Patient, der auf dem Operationstisch lag, fing an zu schreien: „Ich will nicht aufgeschnitten werden! Ihr bringt mich um! Ich will nicht sterben!"

Der Chirurg versuchte, den Patienten zu beruhigen.

„Beruhigen Sie sich doch, mein Herr", sagte er, „Schauen Sie meinen langen weißen Bart an. Ich habe schon Tausende von Operationen durchgeführt, und nichts ist jemals schiefgegangen."

„Ach, Herr Doktor, Sie haben recht. Ich weiß, daß ich Ihnen vertrauen kann", erwiderte der Patient.

Als der Patient nach der Operation erwachte, schaute er sich um, sah den gleichen weißen Bart und sagte: „Oh, vielen Dank, Herr Doktor! Sie sind ein Heiliger!"

„Ist schon gut, mein Sohn, du mußt dich nicht bei mir bedanken. Ich bin nicht dein Arzt, ich bin der heilige Petrus!"

Was soll ich also über seinen Tod sagen? Er ist vollkommen in Ordnung! Alles ist in Ordnung. Nur… wenn er wirklich hierhergekommen wäre, wäre er einen vollkommen anderen Tod gestorben. Er wäre feiernd gestorben, er wäre freudig gestorben. Er wäre ohne jedes Bedauern gestorben, ohne jeden Vorwurf. Er wäre in Liebe gestorben, mit Hingabe, mit einem Ja. Dieses Mal hat er es verpaßt – ich hoffe, das nächste Mal wird er es nicht verpassen.

aus der Reihe: „Philosophia Ultima"

Der eigentliche Höhepunkt

Meine Sannyasins feiern auch den Tod, denn für mich ist der Tod nicht das Ende des Lebens, sondern sein eigentliches Crescendo, der eigentliche Höhepunkt. Es ist der Gipfel des Lebens. Wenn du richtig gelebt hast, wenn du von Moment zu Moment in Totalität gelebt hast, wenn du allen Saft aus dem Leben herausgepreßt hast, wird dein Tod der letztendliche Orgasmus sein.

Der sexuelle Orgasmus ist nichts, verglichen mit dem Orgasmus, den der Tod bringt; aber er bringt ihn nur dem Menschen, der die Kunst versteht, total zu sein. Der sexuelle Orgasmus ist etwas sehr schwaches, verglichen mit dem Orgasmus, den der Tod bringt.

Was geschieht bei einem sexuellen Orgasmus? Für einen Moment vergißt du, daß du ein Körper bist, für einen Moment verschmelzen zwei Liebende zu einer Einheit, einer organischen Einheit. Einen Moment lang sind sie keine getrennten Wesen; sie sind ineinander verschmolzen, wie zwei Wolken, die zu einer einzigen geworden sind. Aber es ist nur einen Moment lang, dann sind sie wieder getrennt.

Deshalb folgt auf alle sexuellen Orgasmen eine Art Depression, weil du von dem Höhepunkt abstürzt. Du hast ein Crescendo erreicht, und für den Bruchteil eines Momentes bist du auf dem Gipfel gewesen, und dann ist der Gipfel verschwunden. Und wenn du aus solcher Höhe fällst, dann fällst du in die Tiefe der Depression.

Das ist einer der Widersprüche des Sex; er gibt dir das größte Vergnügen und auch die tiefste Qual. Er gibt dir sowohl Ekstase als auch Agonie. Und jedesmal, wenn du einen orgasmischen Zustand erreicht hast, weißt du, daß er vorübergehen wird, und dann ist Desillusionierung da, Enttäuschung.

Der Tod gibt dir das Höchste an orgasmischer Freude: Der Körper wird für immer verlassen, und du wirst eins mit dem Ganzen. Es ist unermeßlich. Es gibt dir solche Freude, mit einem einzelnen Menschen eins zu werden, stell dir vor, wieviel Freude da sein wird, wenn du eins mit dem Unendlichen wirst!

Aber es geschieht nicht jedem, der stirbt, denn die Menschen, die nicht richtig gelebt haben, können auch nicht richtig sterben. Menschen, die in tiefer Unbewußtheit gelebt haben, sterben auch in tiefer Unbewußtheit. Der Tod wird dir nur das geben, was du schon dein ganzes Leben gelebt hast; er ist die Essenz deines ganzen Lebens.

Wenn dein Leben ein Leben der Meditation, der Bewußtheit, des Zeugeseins war, dann bist du auch fähig, im Tod Zeuge zu sein. Wenn du in den verschiedenen Situationen deines Lebens kühl und zentriert warst, dann wird der Tod deine größte Herausforderung werden, dein größter Test. Und wenn du zentriert, kühl, still und beobachtend bleiben kannst, dann wirst du keinen unbewußten Tod sterben, dein Tod wird dich auf den Gipfel des Bewußtseins bringen. Und dann, ganz sicher, *muß* er gefeiert werden.

Wann immer also einer meiner Sannyasins stirbt, feiern wir, tanzen wir, singen wir. Wir geben ihm einen guten Abschied…

Ja, meine Sannyasins feiern den Tod, weil sie das Leben feiern. Und der Tod ist nicht gegen das Leben; er beendet das Leben nicht, es bringt das Leben bloß zu einem wunderschönen Höhepunkt.

Das Leben geht sogar noch nach dem Tode weiter. Es

war vor der Geburt da, es geht nach dem Tode weiter. Das Leben ist nicht auf diesen kleinen Raum festgelegt, der zwischen Geburt und Tod existiert, im Gegenteil, Geburten und Tode sind kleine Episoden in der Ewigkeit des Lebens.

aus der Reihe: „Come, Come, Yet Again Come"

Du kannst mich mal!

Bhagwan, was werden Deine letzten Worte an die Welt sein?

Das erinnert mich an eine Geschichte, die George Gurdjieff seinen engsten Schülern zu erzählen pflegte:

Die Geschichte handelt von einem großen Meister in der Vergangenheit, einem Buddha, der einen Anhänger hatte, der ihm seit vielen Jahren treu gefolgt war und sich selbst zu seiner rechten Hand erkoren hatte. Als der Meister in seinem Raum auf dem Sterbebett lag, warteten seine Anhänger alle schweigend vor der Tür; sie wußten nicht, was sie tun sollten und konnten es nicht glauben, daß ihr mystischer Meister wirklich im Sterben lag.

Schließlich hörte man in der bekümmerten Stille die schwache Stimme des Meisters den Namen seiner „rechten Hand" rufen; die Augen aller Anhänger folgten ihm aufmerksam, als er sich auf den Weg zu des Meisters Türe machte. Als er die Türklinke ergriff, blickte er auf die starrenden Gesichter um sich herum und stellte sich vor, wie neidisch und respektvoll sie wären, da er als einziger gerufen wurde, im Augenblick des Todes an des Meisters Seite zu sein. Er stellte sich bereits vor, wie er wieder aus dem Raum heraustreten würde, als der neue Mann an der Spitze, ein wahrer Petrus.

Still betrat er den verdunkelten Raum, kam langsam näher und kniete vor dem Bett nieder. Der alte Meister winkte ihn näher zu sich heran. Mit erwartungsvollem Ohr beugte er sich über des alten Mannes Mund, und der Meister flüsterte: „Du kannst mich mal!"

aus der Serie: „The Book Of The Books", Band II

Der größte Witz, den es gibt

Was genau ist Deine Haltung gegenüber dem Tod?

Ein Mystiker, der zum Galgen geführt wurde, sah eine große Menschenmenge, die eilig vor ihm herrannte. „Ihr braucht euch nicht so zu beeilen", sagte er zu ihnen. „Ich kann euch versichern, nichts wird ohne mich geschehen."

Das ist meine Haltung gegenüber dem Tod: Er ist der größte Witz, den es gibt. Den Tod hat es nie gegeben, es kann ihn gar nicht geben, das liegt nicht in der Natur der Dinge, denn das Leben ist ewig. Leben kann nicht enden; es ist keine Sache, sondern ein Geschehen. Es ist nicht etwas, das beginnt und endet; es hat keinen Anfang und kein Ende. Du bist schon immer in den verschiedensten Formen hier gewesen, und du wirst in verschiedenen Formen oder letztendlich formlos hier sein.

So lebt ein Buddha in der Existenz: Er wird zu Formlosigkeit. Er entschwindet vollkommen aus den groben Formen.

Den Tod gibt es nicht, er ist eine Lüge. Er wirkt sehr real, aber er wirkt bloß real, er ist es nicht. Er erscheint wirklich, weil du zu sehr an dein getrenntes Dasein glaubst. Indem du glaubst, du seist von der Existenz getrennt, verleihst du dem Tod seine Realität. Vergiß die Vorstellung, daß du von der Existenz getrennt bist, und der Tod verschwindet.

Wenn ich eins bin mit der Existenz, wie kann ich da sterben? Die Existenz war vor mir da und wird nach mir da sein.

Ich bin nur eine kleine Welle im Ozean: Und die Welle kommt und geht, der Ozean bleibt, ist immer da. Ja, du wirst nicht da sein – so, wie du bist, wirst du nicht vorhanden sein. Diese Form wird verschwinden, aber der, der dieser Form innewohnt, wird weiter bestehen bleiben, entweder in anderen Formen oder schließlich in der Formlosigkeit.

Aber fange an, dich mit der Existenz eins zu fühlen, denn es ist wirklich so. Daher der Nachdruck, mit dem ich euch immer wieder sage, laßt die Unterscheidung zwischen dem Beobachter und dem Beobachteten fallen, und zwar jeden Tag, so oft wie möglich am Tag. Finde ein paar Momente, wann immer du kannst und wo immer du kannst, und lasse einfach diese Unterscheidung und diesen Unterschied zwischen dem Beobachter und dem Beobachteten verschwinden. Werde zum Baum, den du siehst, und werde zur Wolke, die du anschaust, und nach und nach wirst du anfangen, über den Tod zu lachen.

Dieser Mystiker, der zum Galgen geführt wurde, muß die vollkommene Lüge des Todes durchschaut haben. Er kann Witze über seinen eigenen Tod machen. Man führt ihn zum Galgen, er sah eine große Menschenmenge vor sich; sie gingen, um die Kreuzigung zu sehen.

Die Menschen interessieren sich sehr für solche Dinge: Wenn es bekannt wird, daß jemand öffentlich umgebracht wird, versammeln sich Tausende von Leuten, um dies zu sehen. Woher diese Anziehungskraft? Tief in eurem Innern seid ihr alle Mörder – und das ist eine stellvertretende Art, es zu genießen. Daher sind Filme über Mord, Gewalttätigkeiten so sehr in Mode, so beliebt… Kriminalromane. Wenn in einem Film kein Mord, kein Selbstmord vorkommt, kein obszöner Sex, wird er nie zum Kassenschlager. Er wird nie ein Erfolg; er fällt durch. Weil niemand an etwas anderem interessiert ist.

Dies sind tief verwurzelte Begierden in deinem Wesen.

Wenn du es auf der Leinwand siehst... du genießt es stellvertretend, so als ob du es selbst tun würdest. Du identifizierst dich mit den Darstellern im Film oder im Roman.

Dieser Mystiker nun wird zum Galgen geführt. Er sah eine große Menschenmenge vor sich hereilen. „Ihr braucht euch nicht so zu beeilen", sagte er zu ihnen. „Ich kann euch versichern, ohne mich wird nichts geschehen. Ihr könnt gemütlich und langsam gehen; kein Grund zur Eile. Ich bin derjenige, den sie töten werden, und ohne mich wird nichts geschehen."

Dies ist meine Haltung dem Tod gegenüber: Lache! Laß Lachen deine Haltung dem Tod gegenüber sein. Er ist eine kosmische Lüge, die vom Menschen selbst, vom Ego aus Befangenheit geschaffen wurde.

Deshalb fürchtet sich in der Natur kein anderes Tier, kein Vogel, kein Baum vor dem Tod – nur der Mensch – und macht so viel Aufhebens davon... das ganze Leben lang zitternd, der Tod kommt näher, und wegen des Todes kann er sich nicht erlauben, total zu leben. Wie kannst du leben, wenn du so voller Angst bist? Das Leben ist nur ohne Angst möglich. Leben ist nur mit Liebe möglich, nicht mit Angst. Und der Tod schafft Angst.

Und wer ist der Schuldige? Gott hat den Tod nicht erschaffen, er ist des Menschen eigene Erfindung. Erschaffe das Ego, und du erschaffst gleichzeitig die andere Seite davon – den Tod.   aus der Reihe: „The Book Of Wisdom"

Wie eine Schneeflocke
in klarer Luft

Der Tod ist nicht der Feind. Er erscheint uns nur so, weil wir zu sehr am Leben hängen. Die Angst vor dem Tod kommt durch das Festhalten am Leben. Und durch dieses Festhalten können wir nicht erfahren, was der Tod ist. Nicht nur das, wir sind auch nicht fähig zu erfahren, was das Leben ist.

Der Mensch, der den Tod nicht erkennen kann, wird auch das Leben nicht erkennen können, denn im Grunde sind sie zwei Äste am gleichen Baum. Wenn du vor dem Tod Angst hast, wirst du wahrscheinlich auch vor dem Leben Angst haben – denn das Leben bringt ja den Tod. Gerade das Leben führt dich zum Tod.

Du würdest gerne stehenbleiben, einfrieren, damit du nicht fließt, damit der Tod nie geschehen kann. Du würdest gerne unterwegs steckenbleiben, so daß du den Ozean nie erreichst und dich nie in ihm verlierst.

Ein Mensch, der den Tod fürchtet, hängt zu sehr am Leben. Aber die Ironie liegt darin, daß er, selbst wenn er zu sehr am Leben hängt, doch nicht erkennen kann, was das Leben ist. Sein Festhalten am Leben verhindert, daß er das Leben versteht. Er kann den Tod nicht verstehen, er kann das Leben nicht verstehen; er bleibt in einem tiefen Mißverständnis, in tiefer Unwissenheit.

Dies ist also eines der fundamentalen Dinge, die man erkennen muß: der Tod ist nicht der Feind. Der Tod kann nicht der Feind sein. Tatsache ist, daß der Feind nicht existiert. Die ganze Existenz ist eins. Alles ist freundlich. Alles ist deins, es gehört dir und du gehörst ihm. Ihr seid hier keine Fremden.

Die Existenz hat dir das Leben geschenkt; die Existenz hat dich bemuttert. Wenn du also stirbst, gehst du einfach zu deinem Ursprung zurück, um zu ruhen und wiedergeboren zu werden.

Der Tod ist wie ein Ruhen. Das Leben ist Aktivität; der Tod ist Ruhe. Und ohne Ruhen ist Aktivität nicht möglich. Das Leben ist wie der Tag, und der Tod ist wie die Nacht. Und der Tag für sich kann ohne die Nacht nicht existieren. Es ist die Nacht, die dich auf den Tag vorbereitet, es ist die Nacht, die dich verjüngt, dir deine Energie zurückgibt. Im Tiefschlaf kommst du genau an den Punkt, an den dich auch der Tod führen wird.

Jede Nacht gehst du in den Tod hinein – es ist ein kleiner Tod –, deshalb fühlst du dich am Morgen so lebendig. Die Menschen, die nicht jede Nacht sterben, sind schlecht dran. Sie sind am Morgen müder, als sie beim zu Bett gehen waren. Sie haben geträumt. Selbst in ihren Träumen haben sie noch am Leben festgehalten. Sie haben nicht losgelassen. Sie haben dem Tod nicht erlaubt, Besitz von ihnen zu ergreifen, viele Dinge zu heilen und Ruhe, Entspannung, neue Energie zu schenken. Dies sind die unglücklichen Menschen. Die glücklichen Menschen sind diejenigen, die in einen unglaublich tiefen Schlaf, einen traumlosen Schlaf fallen. Am Morgen sind sie wieder lebendig, bereit, dem Leben in seiner Vielfalt entgegenzutreten, voller Freude, voller Bereitschaft, darauf einzugehen, bereit, jede Herausforderung, die das Leben stellt, anzunehmen.

Der Tod ist wie die Nacht. Das Leben ist *yang*, und der tod ist *yin*. Das Leben ist männlich, der Tod ist weiblich. Leben ist aggressiv, ehrgeizig – eine ständige Anstrengung, viele Dinge zu erobern. Und der Tod ist die Entspannung von allen Aggressionen – eine Reise nach innen. Man entspannt sich in sich selbst hinein. Zen nennt es „das Asyl der Ruhe".

Das Leben ist ein Abenteuer; du gehst weg von dir, du gehst weiter und weiter weg. Je weiter weg du bist, desto unglücklicher wirst du. Du begibst dich auf die Suche nach dem Glück, aber je mehr du das Glück suchst, desto weiter entfernst du dich von ihm. Und das kannst du in deinem eigenen Leben sehen. Das ist keine Philosophie, dies ist die einfache Feststellung einer Tatsache. Jeder sucht nach dem Glück. Aber je weiter weg du gehst, desto unglücklicher wirst du.

Das Leben ist eine Suche nach dem Glück – aber es bringt Unglücklichsein. Eines Tages ist es dir zu viel, und du bist müde und gelangweilt. Dieses Abenteuer hat keinen Reiz mehr. Du entspannst dich nach innen, du kommst zurück. Je näher du dir selbst kommst, desto glücklicher wirst du. Je weniger du an Glücklichsein denkst, desto glücklicher wirst du. An dem Tag, an dem du aufhörst, das Glück zu suchen und danach zu streben, wirst du glücklich sein.

Das Leben verspricht Glücklichsein, aber das ist nur ein Versprechen, das nie gehalten wird. Der Tod jedoch hält es. Darum sage ich es nochmal: Der Tod ist nicht der Feind. Der Tod ist dein Zuhause, das du nach vielen, vielen Reisen erreichst – müde, enttäuscht, erschöpft – auf der Suche nach Unterkunft, auf der Suche nach Ruhe, um die verlorene Lebenskraft wiederzugewinnen. Das ist das Erste.

Das Zweite ist: Leben und Tod sind nicht so verschieden, wie wir denken. Du glaubst, das Leben begann mit dem Tag deiner Geburt und der Tod kommt an dem Tag, an dem du stirbst. Das heißt, es liegen siebzig, achtzig oder hundert Jahre dazwischen. Das stimmt nicht. Geboren werden und Sterben gehen dein ganzes Leben lang Hand in Hand. Im Augenblick deines ersten Atemzuges setzt auch dein Sterben ein. Jeder Moment ist Leben und Tod – zwei Räder am gleichen Wagen. Sie treten zusammen auf. Sie treten gleichzeitig auf. Du kannst sie nicht so weit auseinanderstellen – siebzig Jahre ist eine zu große Entfernung. Du kannst sie nicht so weit auseinanderstellen – sie sind in jedem Moment da. In jedem Moment wird etwas in dir geboren und etwas stirbt.

Leben und Sterben kommen zusammen. Nach 70 Jahren hast du genug von diesem Leben und Sterben. Du bist des Spiels müde. Du möchtest gerne nach Hause gehen. Du hast mit Sandburgen gespielt. Du hast gestritten, gekämpft – für deine Sandburgen: Dies ist meins. Und das ist deins, und genug ist genug. Der Abend ist gekommen, und die Sonne geht unter, und du möchtest nach Hause gehen. Nach 70 Jahren gleitest du in eine tiefe Ruhe. Aber Leben und Sterben existieren gemeinsam weiter. Es in diesem Licht zu betrachten, wird dir zu großer Einsicht verhelfen. Jeden Moment sind beide da.

Also gibt es keinen Grund zur Angst. Es ist nicht so, daß der Tod irgendwann einmal in der Zukunft eintreten wird. Es ist die Zukunft, die die Probleme schafft. Wenn es irgendwann einmal in der Zukunft geschehen wird – wie sollst du dich da schützen? Wie kannst du die große chinesische Mauer um dich herum ziehen? Welche Vorbereitungen kannst du treffen, damit er dich nicht trifft oder damit er zumindest noch etwas aufgeschoben werden kann?

Aber er geschieht bereits! Es ist keine Frage der Zukunft. Vom Moment deiner Geburt an ist er dir ständig zugestoßen. Du kannst ihn nicht aufschieben, du kannst nichts dagegen tun. Es gibt keine Möglichkeit, etwas dagegen zu tun. Es ist der Verlauf des Lebens selbst – Sterben ist ein Teil des Lebens.

Der Tod ist ein guter Freund; er erleichtert dich. Er nimmt dir all das ab, das du angesammelt hast. Sobald du dieses Erleichtern gerne zuläßt, wird der Tod zu *samadhi*.

Wenn du es nicht freiwillig zuläßt, bringt der Tod kein *samadhi,* sondern Schmerz. Das mußt du sehen. Der gleiche Vorgang kann entweder Schmerz oder reine Freude sein. Es liegt an deiner Interpretation – daran, wie du die Dinge siehst, wie du in eine bestimmte Erfahrung hineingehst, wie tief du hineingehst. Wenn du jemand bist, der festhält, sehr besitzergreifend, dann wird der Tod sehr schmerzhaft sein, eine große Qual. Du wirst leiden. Du wirst nicht wegen des Todes leiden, du wirst leiden, weil du festhältst, weil du so besitzergreifend bist, wegen deiner Bindungen, wegen deiner Gier und all dem.

Aber wenn du jemand bist, der nicht festhält, wenn du nicht sehr besitzergreifend bist, nicht gierig, nicht egoistisch, wenn du nicht aggressiv bist, dann verändert sich auf einmal die Natur des Todes. Er kommt wie ein frischer Hauch Gottes. Er kommt und reinigt dich. Er gibt dir die lang verdiente Ruhepause. Er klärt dich. Er nimmt dich mit zur ewigen Quelle, aus der du neu hervorgehen wirst. Wenn du freiwillig mitgehst, wirst du in einer besseren Form neu entstehen, weil du aus der letzten Form etwas gelernt hast. Auch wenn du nicht freiwillig mitgehst, wird dich der Tod in den Schmelzofen werfen, dich verbrennen, aber gewaltsam, und du kommst in der gleichen Form wieder, in der du gegangen bist, denn du hast nichts dazugelernt...

Das ist die endgültige Lektion. Aber man muß durch alle Formen hindurchgehen. Und der Tod lehrt dich eine große Lektion, weit größer als das Leben. Und der Tod bietet dir eine eindringliche Möglichkeit des Verstehens, denn das Leben zieht sich über eine lange Zeit hin – der Tod kommt geballt in einer kurzen Zeit. In einem einzigen Moment nimmt er dich hinweg. Wenn du nicht wach bist, wirst du diesen Moment verpassen, der Moment ist winzig. Wenn du wach bist, dann wird genau dieser Augenblick zu einer Tür in das Göttliche...

Da ist nichts, worüber du dir Sorgen machen mußt. Du verschwindest wie eine Schneeflocke in klarer Luft. Du wirst nicht sterben, du wirst nur verschwinden. Ja, in der individuellen Form wirst du nicht wiedererstehen. Die Form wird im Formlosen verschwinden – die Schneeflocke in der klaren Luft. Aber du wirst da sein und sogar mehr denn je. Wenn der Fluß im Ozean verschwindet, dann stirbt er nicht – er wird zum Ozean, er breitet sich aus, er wird größer, riesig, enorm, unendlich.

Wenn du am Leben hängst, dann wird der Tod wie der Tod aussehen. Wenn du nicht am Leben hängst, dann sieht der Tod aus wie Transformation, wie Freiheit. Du wirst aus dem Gefängnis der Form befreit, du wirst formlos. Das ist große Freude. Ein Mensch, der wie eine Schneeflocke in klarer Luft sterben kann, ist gesegnet. Es ist eine große Ekstase, große Stille und Frieden, vollkommene Freude. Dann feierst du aus ganzem Herzen.

Du mußt das Leben nutzen, du mußt den Tod nutzen. Alles muß genutzt werden, um zu diesem essentiellen Geist zu gelangen, denn dieser essentielle Geist ist *satchidananda* – er ist Wahrheit, er ist Bewußtsein, er ist Seligkeit.

„Bhagwan Magazin", März 1983

Morgen, morgen, morgen…

Wenn du jemanden geliebt hast, wirklich geliebt, und keine Gelegenheit zu lieben ausgelassen hast, dann ist kein Platz für das Nachtrauern da, weil es nichts zu bereuen gibt. Du schiebst niemals etwas auf; der Tod kann nichts zerstören. Wenn du etwas aufschiebst, dann zerstört der Tod. Zum Beispiel: Du liebst jemanden, aber du sagst: „Ich werde morgen lieben", und das sagst du immer weiter. Du träumst vom Morgen, Morgen. Du schiebst immer weiter auf. Heute kämpfst du, morgen wirst du lieben. Hier, jetzt bist du wütend, lieben wirst du morgen. Du verschiebst es immer weiter.

Dann kommt eines Tages plötzlich der Tod, und er ist immer plötzlich. Er gibt keinen Hinweis darauf, daß er kommt. Du hörst seine Fußstapfen nie, seine Fußstapfen können nie im voraus geahnt werden. Er kommt immer plötzlich, kommt überraschend, und dann ist der Freund fort, der Geliebte ist fort, die Geliebte ist fort; die Mutter, der Vater, der Bruder sind fort. Dann kommt das Nachtrauern, weil der Tod das Morgen zerstört hat und du vom Morgen abhängig warst. Jetzt wird es kein Morgen mehr geben. Jetzt kannst du nichts mehr aufschieben, und der Mensch ist fort. Jetzt fühlst du tiefe Reue; aus dieser Reue kommt das Nachtrauern. Du weinst nicht um den Freund, der gegangen ist, du beweinst dich selbst, die vergeudete Gelegenheit.

Wenn du wirklich liebst, hier und jetzt liebst, kann dir der Tod nichts nehmen. Ich sage euch: „Der Tod wird sogar zu einer neuen Gelegenheit, einer Öffnung, einer neuen Tür.

Du hast deinen Freund geliebt, als er sichtbar war, und du hast ihn so tief geliebt, daß du durch deine Liebe begonnen hast, das Unsichtbare in ihm zu fühlen. Dann nimmt der Tod den Körper mit. Auf der grobstofflichen Ebene ist der Körper nicht mehr als Hindernis da. Jetzt kann die Liebe vollkommen fließen. Du wirst dem Tod vielleicht sogar dankbar sein. Du hast die spirituelle Dimension deines Geliebten, deiner Geliebten, deines Freundes bereits entdeckt, und jetzt nimmt der Tod das letzte Hindernis weg. Jetzt kannst du bis auf den Grund sehen. Der Tod gibt dir die Chance zu prüfen, ob du wirklich geliebt hast oder nicht; denn wenn die Augen der Liebe nicht soweit vordringen können, daß sie das sehen, was nicht körperlich ist, daß sie das sehen, was über das Stoffliche hinausgeht, das, was unsichtbar ist, dann ist es keine Liebe. Dann sind es andere Augen, aber nicht die der Liebe. Liebe enthüllt immer Gott im anderen; das ist die Definition von Liebe. Nur wenn Gott im anderen enthüllt wird, ist es Liebe, sonst nicht. Du wirst weinen und schluchzen und trauern, und du denkst du trauerst um den Freund, der dahingegangen ist? Nein, du weinst um dich selbst, du jammerst deinetwegen.

Ich möchte euch eine sehr berühmte Geschichte erzählen: Der Freund von König Pyrrhus von Epirus, Cyneas, frage diesen: „Herr, wenn ihr Rom erobert habt, was werdet ihr dann als nächstes tun?"

Pyrrhus antwortete: „Sizilien liegt in der Nähe und wird leicht zu erobern sein."

„Und nach Sizilien, was wollt ihr dann tun?" fragte Cyneas.

„Dann gehen wir nach Afrika und plündern Karthago."

„Und nach Karthago, Herr?"

„Griechenland." Cyneas erkundigte sich: „Und was erwartet ihr als Belohnung für all eure Siege?"

„Dann", sagte Pyrrhus, „setzen wir uns nieder und machen uns ein schönes Leben."

Worauf Cyneas vorschlug: „Können wir uns nicht jetzt schon ein schönes Leben machen?"

Wenn du jetzt froh sein kannst, dann gibt es kein Nachtrauern, niemals. Ich sage nicht, daß du nicht traurig sein wirst, wenn ein Freund dahingeht, aber es wird kein Nachtrauern sein. Und diese Traurigkeit wird ihre eigene Schönheit haben, eine Tiefe, eine Stille, die immer kommt, wenn du dem Tod begegnest. Diese Traurigkeit wird sehr meditativ sein. Sie wird etwas in dir enthüllen, was das Leben nicht enthüllen konnte. Das Leben bleibt oberflächlich; so wie Lachen: es bleibt oberflächlich. Der Tod ist sehr tief, wie Traurigkeit. Aber Traurigkeit ist nicht Nachtrauern, Traurigkeit hat ihre eigene Freude; Traurigkeit ist nicht Kummer, Traurigkeit ist einfach Tiefe. Traurigkeit bedeutet, das Denken hat aufgehört. Wie kannst du angesichts des Todes denken? Im Leben mag das Denken vielleicht nützlich sein. Im Leben mag das Denken nötig sein, weil Verschlagenheit, Schlauheit nötig sind; aber was soll das Denken angesichts des Todes? Wenn du traurig bist, heißt das lediglich, daß auf einmal das Denken aufgehört hat; der Tod ist ein Schock gewesen, er hat dich bis in deine Tiefe berührt. Du kannst nicht lachen, aber es liegt eine gewisse Freude darin, eine Stille, eine heilige Stille. Die Gewöhnlichkeit des Lebens ist vorüber und der Tod hat eine neue Türe aufgemacht: die Tür zum Jenseits. Du wirst dem Tod dankbar sein, aber das ist nur möglich, wenn du jetzt lebst. Nur wenn dieser Moment in seiner totalen Intensität gelebt wird, in seiner völligen Ganzheit, nur dann ist es möglich.

aus der Reihe: „Come Follow Me", Band IV

Das Wesentliche und
das Unwesentliche

Es war einmal ein Mann aus Wei, Tung-men Wu, der nicht trauerte, als sein Sohn starb.

Seine Frau sagte zu ihm: „Kein Mensch auf der ganzen Welt hat seinen Sohn so sehr geliebt wie du. Warum trauerst du nicht, jetzt, wo er tot ist?"

Er antwortete: „Ich hatte einmal keinen Sohn, und als ich keinen Sohn hatte, trauerte ich nicht. Jetzt, da er tot ist, ist es wieder genau wie zuvor, als ich keinen Sohn hatte. Warum sollte ich um ihn trauern?"

Eine einfache Parabel, aber unglaublich bedeutsam, sehr tief. Laßt uns Schicht für Schicht in sie eindringen.

Es war einmal ein Mann aus Wei, Tung-men Wu, der nicht klagte, als sein Sohn starb.

Es ist sehr schwierig, nicht zu trauern, wenn jemand, den du so sehr geliebt hast, gestorben ist. Es ist nur möglich, wenn du etwas vom Wesentlichen erfahren hast. Es ist nur möglich, wenn du etwas vom Unsterblichen gekostet hast. Es ist nur möglich, wenn du das Zufällige transzendiert hast. Er wehklagte nicht, er war nicht traurig. Er weinte oder schluchzte nicht, er war nicht gebrochen. Er blieb der gleiche, der er immer war.

Seine Frau war verstört. Sie sagte:

„Kein Mensch auf der ganzen Welt hat seinen Sohn so

sehr geliebt wie du. Warum trauerst du nicht, jetzt, wo er tot ist?"

Das ist unsere normale Logik; wenn du einen Menschen sehr geliebt hast, dann wirst du auch sehr um ihn trauern. Diese Logik ist fehlerhaft; sie birgt einen schweren Fehler in sich. Tatsächlich ist es so: Wenn du einen Menschen wirklich geliebt hast, dann ist er fort, wenn er fort ist; du wirst nicht viel trauern. Wenn du den Menschen nicht tief geliebt hast, dann wirst du sehr trauern. Versuche das zu verstehen.

Dein Vater stirbt, oder deine Mutter stirbt. Wenn du ihn total geliebt hast, als er am Leben war, dann kannst du ihm ohne Trauer „Auf Wiedersehen" sagen – weil du ihn *geliebt hast*. Die Erfahrung der Liebe war vollkommen und erfüllend; nichts ist ungetan zurückgeblieben; nichts blieb in der Luft hängen. Was immer möglich war, ist geschehen; jetzt kannst du es akzeptieren. Was hätte sonst noch sein können? Die Erfahrung ist vollständig.

Immer wenn eine Erfahrung vollständig ist, fällt es dir leicht, Abschied zu nehmen. Aber wenn du deinen Vater nicht so geliebt hast, wie du es immer tun wolltest, wenn du ihm nicht den Respekt gezeigt hast, den du ihm immer zeigen wolltest, dann wirst du dich schuldig fühlen. Jetzt ist dein Vater fort; jetzt gibt es keine Möglichkeit mehr, dein Verlangen zu erfüllen – jetzt gibt es keine Möglichkeit mehr, deinen Respekt, deine Liebe zu zeigen. Jetzt gibt es keine Möglichkeit mehr, du hast das Gefühl, in der Mitte hängengeblieben zu sein, in der Luft, im Niemandsland. Du wirst keine Ruhe haben; du kannst nicht Abschied nehmen. Du wirst weinen und schluchzen und gebrochen sein, und du wirst sagen, du seist so gebrochen, weil dein Vater gestorben ist, aber in Wirklichkeit ist es etwas anderes.

Du bist gebrochen, weil jetzt die Möglichkeit, ihn zu lieben, ihn zu respektieren, vergangen ist. Jetzt gibt es keine

Möglichkeit mehr – die Türen sind verschlossen, und du hast eine Gelegenheit verpaßt. Der Sohn wird mehr weinen, wenn er den Vater nicht richtig geliebt hat. Wenn er seinen Vater geliebt hat, wird er in der Lage sein, die Tatsache zu verstehen – Liebe ist sehr akzeptierend und sehr verständnisvoll.

Wenn eine Erfahrung einmal vollständig ist, dann kannst du sehr leicht aus ihr herauskommen – du schlüpfst einfach aus ihr heraus, wie die Schlange aus der alten Haut. Wenn du eine Frau geliebt hast und ständig mit ihr gestritten hast, und es nie sehr befriedigend war, und sie dann stirbt... jetzt wird sie dich verfolgen, ihr Geist wird dich dein Leben lang verfolgen. Du konntest etwas nicht tun, das möglich gewesen wäre, aber jetzt ist es nicht länger möglich. Jetzt wird in deinem Herzen immer etwas Unvollständiges zurückbleiben, es schmerzt; es wird zu einer Wunde werden.

Das ist die Erkenntnis aller Weisen: Wenn man einen Menschen liebt, wenn man ihn *total* liebt, dann wird es keinen Kummer geben. Wenn man ihn total liebt, wenn man sich vollkommen an ihm freut und entzückt von ihm ist, und der Mensch ist fort – natürlich fühlt man sich dann ein wenig traurig, aber es ist kein Trauern; man vermißt ihn ein wenig, ist aber in der Lage, zentriert zu bleiben, man verliert sich nicht.

Wenn du liebst, liebe total, so daß nichts offen bleibt. Denn ansonsten wird diese unvollständige Erfahrung, diese ungelebte Erfahrung dich verfolgen. Diese ungelebten Erfahrungen häufen sich an und werden zu einer schweren Last.

Und das Problem ist, daß es keinen Ausweg gibt, was sollst du mit ihnen machen? Du kannst sie nicht vervollständigen, weil die Person verschwunden ist. Du kannst sie nicht loslassen, weil unvollständige Erfahrungen nicht losgelassen werden können. Es ist wie mit einer reifen Frucht, die von selbst abfällt. Wenn sie reif ist, fällt sie; wenn sie unreif ist, ist es schwierig, sie herunterzuschütteln. Immer wenn eine Erfahrung vollständig ist, ist sie wie eine reife Frucht – sie fällt von selber. Sie hinterläßt keine Narbe, keine Wunde.

Die Frau sagt: *„Kein Mensch auf der ganzen Welt hat seinen Sohn so sehr geliebt wie du. Warum trauerst du nicht, jetzt, wo er tot ist?"*

Sie argumentiert aus dem unwesentlichen Verstand heraus. Das ist die Argumentation des unwesentlichen Menschen: „Warum trauerst du nicht?" Tatsächlich war es so, als der andere noch lebte, war der unwesentliche Mensch nicht sehr glücklich; aber wenn der andere fort ist, dann wird er sehr unglücklich werden.

Ich kannte eine Frau, die sehr unglücklich mit ihrem Ehemann war – es war fast wie in der Hölle, ständiger Kampf, Streit, Gezeter. Um all dies zu vermeiden fing der Mann das Trinken an. Daraufhin wurde der Kampf sogar noch heftiger, weil die Frau begann, gegen sein Trinken anzukämpfen. Das verleitete ihn dazu, noch mehr zu trinken. Er starb mit sechsunddreißig Jahren – er starb, weil er zuviel getrunken hatte.

Die Frau war niemals glücklich. Beinahe sieben Jahre lebte sie mit ihm und war nie glücklich. Ich kannte sie während der ganzen sieben Jahre – wir wohnten Tür an Tür –, und immer kam der Ehemann, um sich über sein Unglück zu beklagen; die Frau kam mit ihrem Unglück – ich war ein stiller Beobachter. Dann starb der Ehemann, und die Frau wurde *so* traurig. Monate vergingen, und sie weinte und schluchzte, sie war dabei, verrückt zu werden!

Eines Tages ging ich zu ihr, es war sonst niemand da, deshalb sagte ich zu ihr: „Jetzt kann ich offen mit dir sein: Hör mit diesem Unsinn auf! – Denn du warst mit diesem

Mann nie glücklich. Im Gegenteil, viele Male hast du gesagt, wenn dieser Mann sterben würde, wäre das gut. Jetzt ist er tot; er hat dein Verlangen erfüllt, also warum weinst und schluchzt du? Ich sehe keinen Sinn darin! Vermißt du all den Streit? Vermißt du das ganze Unglück? Ich kann nicht einsehen, daß du den Mann vermißt – weil dir doch gar nichts an ihm lag."

Sie war schockiert. So etwas hatte sie weder von mir noch von sonst jemand erwartet. Leute erwarten in einer solchen Situation Mitleid. Ich sagte: „Hör mit diesem Unsinn auf! Ich weiß, daß du nie glücklich warst. Jetzt kannst du glücklich sein. Er ist nicht länger da, um dir Kummer zu machen."

Sie sah mich schockiert an. Ihre Tränen versiegten, und sie sagte: „Ich bin schockiert, aber auf eines hast du mich aufmerksam gemacht: Ich vermisse ihn überhaupt nicht. Ich weine und wehklage einfach deshalb, weil ich ihn nicht lieben konnte. Es geht nicht um seinen Tod – es ist meine eigene versäumte Liebeserfahrung. Ich *liebte* diesen Mann, aber ich war nicht in der Lage, ihn zu lieben. Wir haben unsere Chance damit vergeudet, über unnütze Dinge zu streiten. Jetzt weiß ich, daß diese Dinge bedeutungslos sind; jetzt, nachdem er fort ist, weiß ich, daß dies alles Nichtigkeiten waren. Ich erinnere mich nicht einmal mehr an die Gründe für unsere ständigen Streitereien…"

Wenn du jemanden total liebst, und die Erfahrung ist abgeschlossen, sie hat dich bereichert, dann kannst du „Auf Wiedersehen" sagen. Natürlich wirst du traurig sein, aber es gibt keinen Kummer. Und Traurigkeit ist natürlich. Sie verschwindet allmählich, du brauchst dir keine Sorgen darüber zu machen. Du wirst die Person eine Zeitlang vermissen – natürlich – aber du wirst dich nicht grämen.

Der unwesentliche Mensch sagt, wenn du nicht weinst, weil ein Mensch gestorben ist, dann heißt das, daß du ihn nicht geliebt hast. Das ist es, worauf die Frau zu pochen versucht: „Du hast ihn so sehr geliebt. Zumindest gabst du vor, ihn so sehr zu lieben; so sehr, wie sonst niemand seinen Sohn geliebt hat. Was ist jetzt geschehen? Es ist kein Kummer da! Was für eine Liebe ist das?" Wenn ihr mich fragt, dann sage ich, es ist so, weil er das Kind wirklich geliebt hat. Jetzt, da es fort ist, ist es fort!

Liebe ist verständnisvoll. Und die Liebe ist so verständnisvoll, sie versteht nicht nur das Leben, sie versteht auch den Tod.

Er antwortete: „Ich hatte einmal einen Sohn, und als ich keinen Sohn hatte, trauerte ich nicht."

Das ist die Logik des wesentlichen Menschen. Er sagt: „Es gab eine Zeit in meinem Leben, als mein Sohn nicht da war und ich ohne ihn glücklich war. Ich habe nicht getrauert. Als der Sohn dann kam, war ich mit ihm glücklich. Jetzt, da er fort ist, bin ich wieder in der gleichen Situation, in der ich vorher war, als er noch nicht geboren war. Und ich habe damals nicht getrauert, also warum sollte ich jetzt trauern? Ich bin wieder in der gleichen Situation: Der Sohn ist nicht da, wieder bin ich kein Vater. Schon einmal war ich kein Vater, dann wurde ich Vater, jetzt bin ich wieder kein Vater. Etwas ist geschehen, verschwunden… wieder bin ich in der gleichen Situation wie zuvor."

Von einem großen Weisen, der Premierminister war, erzählte man sich: Als er zum Premierminister des Königs gemacht wurde, war er ein Straßenbettler. Aber die Nachricht von seiner Weisheit verbreitete sich, Gerüchte erreichten den Palast, der König begann, ihn zu aufzusuchen und er war beeindruckt. Er war unglaublich beeindruckt von diesem Mann und seiner Einsichtsfähigkeit – er machte ihn zu seinem Premierminister.

Der Bettler kam in den Palast. Der König sagte: „Jetzt

kannst du deine Bettelrobe ablegen." Schöne Kleider lagen für ihn bereit. Ein Bad wurde ihm bereitet; sie gaben ihm schöne Gewänder, Schmuck – so wie es einem Premierminister ansteht.

Doch wurden alle durch etwas neugierig gemacht, daß er nämlich in einem Raum so etwas wie einen Schatz verschlossen hielt. Und jeden Tag pflegte er dorthin zu gehen, die Türe aufzuschließen – er ging immer allein, er ließ niemanden eintreten – die Türe wieder abzuschließen, mindestens eine halbe Stunde darin zu verweilen und dann herauszukommen. Alle wurden argwöhnisch: Was geht in diesem Raum vor sich? Was hat er da in diesem Raum? Ist es eine Verschwörung? Gibt es da ein Geheimnis? Und natürlich interessierte sich auch der König dafür.

Eines Tages sagte der König: „Ich möchte gerne mit dir in dein privates Zimmer kommen. Die letzte Nacht konnte ich nicht schlafen, ständig habe ich darüber nachgegrübelt, was darin sein könnte."

Der Premierminister sagte: „Da gibt es nichts. Und es ist deiner Augen nicht würdig. Ich werde dich nicht mitnehmen."

Der König wurde noch argwöhnischer. Er sagte: „Da scheint Gefahr zu lauern! Ich kann nicht zulassen, daß so etwas in meinem Palast geschieht. Du *mußt* mich mitnehmen!"

Der Premierminister sagte: „Wenn du mir nicht vertraust, dann werde ich dich mitnehmen – aber das wird das Ende meiner Zeit als Premierminister sein. Dann nimm meinen Rücktritt entgegen und komm mit in den Raum. Ansonsten vertraue mir und frage nie mehr nach dem Raum!"

Aber der König war wirklich argwöhnisch. Er sagte: „In Ordnung, ich nehme deinen Rücktritt an, aber ich komme mit."

Der ganze Hof begleitete sie in den Raum. Da war

nichts… sein altes Bettelgewand. Nur das alte Kleid hing da an einem Nagel. Sie schauten sich um: Da war nichts, der Raum war leer. Sie sagten: „Warum kommst du hierher?"

Er sagte: „Einfach nur, um dies Kleid anzuschauen – um mich daran zu erinnern, daß ich einmal ein Bettler war und eines Tages wieder ein Bettler sein werde. Nur um mich daran zu erinnern, daß ich nicht zu abhängig von diesem Premierministeramt werde."

Er legte seine Kleider ab und nahm sein Bettelgewand. Der König begann zu jammern und wehklagen; er sagte: „Geh nicht!" Aber der Weise sagte: „Also, genug ist genug. Du konntest mir nicht vertrauen, und wenn kein Vertrauen da ist, dann hat es keinen Sinn, daß ich hier bin. Ich muß gehen."

Aber er verließ den Palast genauso, wie er gekommen war. Die zehn, zwölf Jahre, die er Premierminister gewesen war, bedeuteten nichts; es war unwesentlich.

Das ist die Aussage dieses Mannes: Ich hatte einmal keinen Sohn, und als ich keinen Sohn hatte, habe ich nicht getrauert. Ich habe diesen Sohn nie vermißt, als er nicht da war. Als ich noch kein Vater war, habe ich ihn nicht vermißt, also warum sollte ich ihn jetzt vermissen. Die gleiche Situation ist wieder eingetreten: Jetzt, wo er tot ist, ist es genauso, wie es war, als er nicht da war. Warum also soll ich um ihn trauern?"

Das ist die richtige Art, das Leben zu sehen. Das Drumherum ist völlig unwesentlich… Du lebst in einem großen Haus, in einem Palast. Erinnere dich daran, wenn dir der Palast genommen wird, gibt es keinen Grund, deprimiert zu sein. Du hast schon einmal außerhalb des Palastes gelebt, jetzt lebst du wieder unter freiem Himmel. Du bekommst viel Anerkennung, und dann geschieht etwas… Du wirst von der Gesellschaft verdammt. Warum solltest du dir darüber Sorgen machen? Eines Tages warst du nicht berühmt und trotzdem glücklich – jetzt kannst du wieder glücklich sein.

Einmal warst du nicht auf der Welt! – Kannst du dich daran erinnern, unglücklich gewesen zu sein, als du noch nicht geboren warst? Warum also sollst du dir über den Tod Sorgen machen? Du wirst wieder im gleichen Zustand sein. Du warst nicht da, erinnerst dich an kein Unglück. Eines Tages wirst du wieder verschwinden... Warum besorgt sein? Du wirst wieder im gleichen Zustand sein: du wirst nicht mehr sein – zumindest nicht so, wie du hier warst.

Das ist die Aussage der Zen-Leute: Finde dein ursprüngliches Gesicht – das Gesicht, das du hattest, als du geboren wurdest, und das Gesicht, das du haben wirst, wenn du tot bist. Finde das Ewige heraus, und gib dich nicht zu sehr mit dem Unwesentlichen ab.

Wenn du aus dem Unwesentlichen aussteigen kannst, bist du aus der Welt ausgestiegen. Du brauchst nirgends hinzugehen; es ist eine innere Einstellung.

Vergiß nicht: Paß auf, daß du dich nicht zu sehr an das Unwesentliche hängst – und *alles ist unwesentlich außer deinem Bewußtsein*. Außer deiner Bewußtheit ist alles unwesentlich. Schmerz und Vergnügen, Erfolg und Mißerfolg, Ruf und Verleumdung – alles ist unwesentlich. Das einzig Wesentliche ist dein Bewußtsein, das Zeuge ist. An das halte dich! Verwurzle dich mehr und mehr darin. Und laß deine Bindungen nicht auf weltliche Dinge übergreifen.

Ich meine damit nicht, sie hinter dir zu lassen. Ich meine damit nicht, verlasse dein Haus, verlasse deine Frau, verlasse deine Kinder – aber erinnere dich, daß es nur Zufall ist, daß ihr zusammen seid. Es wird kein ewiger Zustand sein. Es hat einen Anfang; es wird ein Ende haben. Erinnere dich, daß du auch glücklich warst, bevor es begann; und daß du glücklich sein wirst, wenn es zu Ende gegangen ist. Wenn du diesen Prüfstein bei dir hast, kannst du immer beurteilen, was unwesentlich und was wesentlich ist. Was immer ist, ist Wahrheit. Und alles Momentane ist unwahr.

Im Osten und im Westen gibt es einen Unterschied in der Definition der Wahrheit. In der westlichen Philosophie ist Wahrheit das Äquivalent des Wirklichen. Im Osten ist Wahrheit das Äquivalent des Ewigen. Denn im Osten sagen wir, selbst das Momentane ist wirklich – wirklich für den Augenblick – aber nicht wahr, weil es nicht ewig ist. Es ist nur ein Widerschein. Der Widerschein ist ebenfalls wirklich!

Du siehst den Mond am Himmel und sein Spiegelbild auf dem See – das Spiegelbild ist ebenfalls wirklich, denn es ist da! Zwischen dem Spiegelbild und keinem Spiegelbild ist ein Unterschied – also ist es wirklich. Selbst ein Traum ist wirklich, denn wenn du ihn träumst, ist er da. Er ist nur als Traum wirklich, aber wirklich ist er. Der einzige Unterschied zwischen dem Traum und dem Wachzustand ist, daß der Traum nur ein paar Augenblicke dauert – der Wachzustand dauert länger. Aber im Osten sind wir auch bis zum endgültigen Wachzustand vorgedrungen. Damit verglichen sieht dieser Wachzustand ebenfalls momentan aus, ist auch er traumgleich.

Das Ewige ist wahr. Das Zeitliche ist unwahr. Beide sind wirklich. Das Unwesentliche ist ebenfalls wirklich, und das Wesentliche ist ebenfalls wirklich, aber mit dem Unwesentlichen bleibst du im Unglück. Und mit dem Wesentlichen öffnen sich die Tore der Seligkeit, die Tore des *satchitanand* – der Wahrheit, des Bewußtseins, der Seligkeit.

Denk in deinem Alltagsleben an diese Geschichte. Nimm ihre ganze Bedeutung in dich auf. Wenn du sie im Gedächtnis behalten kannst, kann sie einen transformierenden Einfluß auf dein Leben haben, kann sie dich läutern – sie kann dir helfen, dein Zentrum zu erreichen.

aus der Reihe: „A Sudden Clash Of Thunder"

BÜCHER VON BHAGWAN SHREE RAJNEESH
AUSGABEN IN DEUTSCHER SPRACHE

Die Alchemie der Verwandlung *(Lotos)*

Ekstase, die vergessene Sprache *(Herzschlag)*

Die Gans ist raus *(Rajneesh)*

Gold Nuggets – Neue Texte zur Kunst des Seins *(Tao)*

Die größte Herausforderung: Die goldene Zukunft *(Rajneesh)*

Der Höhepunkt des Lebens *(Rajneesh)*

Homosexualität/Frauenbewegung *(Sannyas 15)*

Jesus – der Menschensohn *(Sannyas)*

Jesus aber schwieg *(Sannyas)*

Jesus – der Menschensohn *(Sannyas)*

Kein Wasser – Kein Mond *(Herzschlag)*

Kinder, Kinder *(Sannyas 18)*

Das Klatschen der einen Hand *(Gyandip)*

Kunst kommt nicht von Können *(Rajneesh)*

Leben, Lieben, Lachen *(Rajneesh)*

Liebe beginnt nach den Flitterwochen *(Rajneesh)*

Mein Weg: der Weg der weißen Wolke *(Tao)*

Mit Wurzeln und mit Flügeln *(Lotos)*

Nicht bevor du stirbst *(Gyandip)*

Der neue Mensch *(Sannyas)*

Nirvana, die letzte Hürde auf dem Weg *(Rajneesh)*

Das Orangene Buch *(Rajneesh)*

Perversion – was ist denn das? *(Sannyas 13)*

Die Schuhe auf dem Kopf *(Lotos)*

Priester & Politiker – Die Mafia der Seele *(Rajneesh)*

Sexualität & AIDS *(Rajneesh)*

Tantra, die höchste Einsicht *(Sannyas)*

Tantra, Spiritualität und Sex *(Rajneesh)*

Tantrische Liebeskunst *(Sannyas)*

Über die Grundrechte des Menschen *(Rajneesh)*

Das Ultimatum: Der neue Mensch oder globaler Selbstmord *(Rajneesh)*

Die verbotene Wahrheit *(Rajneesh)*

Wachheit ist der Weg zum Leben *(Sannyas 14)*

Yoga: Alpha und Omega *(Gyandip)*

Die Zukunft gehört den Frauen –
  Neue Dimensionen der Frauenbefreiung *(Rajneesh)*

Englische Bücher
Neuerscheinungen

Jesus Crucified Again After 25 Centuries
Light on the Path
The Invitation
Yaa Hoo! The Mystic Rose
Path of the Mystic
Sat Chit Anand
Live Zen
This. This. A Thousand Times This
The Quantum Leap – From Mind to No-Mind
Zen: The Solitary Bird, the Cuckoo in the Forest
Zen: The Diamond Thunderbolt

Andere Veröffentlichungen 1988

Bodhidharma: The Greatest Zen Master
From Darkness to Light – Answers to the
Seekers of the Path
Gold Nuggets
The Great Pilgrimage: From Here to Here
The Great Zen Master Ta Hui
From the False to the Truth – Answers to the Seekers of the Path
Meditation: The First And Last Freedom
Satyam – Shivam – Sundram: Truth – Godliness Beauty
Beyond Psychology
Socrates Poisoned Again After 25 Centuries

Ausgewählte Texte
Beyond the Frontiers of the Mind
Death: The Greatest Fiction
The Greatest Challenge: The Golden Future
I Teach Religiousness Not Religion
The Rebel: The Very Salt of the Earth

Frühe Schriften
A Cup of Tea
And Now, And Here, Vol. 1-2
From Sex to Superconsciousness
In Search of the Miraculous
The Long and the Short and the All
The Perfect Way

Anthologie
The Book: An Introduction to the Teachings of Bhagwan Shree Rajneesh
Series I   from A-H
Series II   from I-O
Series III from R-Z

Autobiografien
Books I Have Loved
Glimpses of a Golden Childhood
Notes of a Madman

Photobiografien
The Sound of Running Water

Ausgewählte Texte

A New Vision of Women's Liberation
Life, Love, Laughter
The New Man – the only Hope for the Future
On Basic Human Rights
Priests and Politicians – The Mafia of the Soul
Sex Quotations
Interviews mit der Welt-Presse
The Last Testament

Fragen und Antworten vor 1986

Be Still And Know
The Goose Is Out
My Way: The Way of the White Clouds
The Rajneesh Bible Vol. 1-4
Walk Without Feet, Fly Without Wings
And Think Without Mind
Walking in Zen, Sitting in Zen
The Wild Geese and the Water
Zen: Zest, Zip, Zap and Zing

Die Mysterien Schule

Beyond Enlightenment (Okt-Nov 86)
The Golden Future (Mai 87)
The Hidden Splendor (März 87)
The Rajneesh Upanishads (Aug-Okt 86)
The Razor's Edge (Feb-März 87)
The Rebellious Spirit (Feb 87)
The Rebellious Spirit (Feb 87)
Sermons in Stones (Nov-Dez 86)

Die Meditationen
The Orange Book

Die großen Mystiker und Traditionen der Welt
  DIE BAULS
The Beloved, Vol. 1

  BUDDHA
The Beloved, Vol. 2
The Book of the Books, Vol. 1-4
The Diamond Sutra
The Discipline of Transcendence, Vol. 1 -4
The Heart Sutra

  BUDDHISTISCHE MEISTER
The Book of Wisdom, Vol. 1-2
The White Lotus

  JESUS
Come Follow Me, Vol. 1-4
I Say Unto You, Vol. 1-2
The Mustard Seed

  JÜDISCHE MYSTIKER
The Art of Dying
The True Sage

  KABIR
The Divine Melody
Ecstasy: The Forgotten Language
The Fish in the Sea is not Thirsty
The Guest

The Path of Love
The Revolution

KRISHNA
Krishna: The Man and his Philosophy

DIE SUFIS
Just like That
The Perfect Master, Vol. 1-2
The Secret
Sufis: The People of the Path, Vol. 1-2
Unio Mystica, Vol. 1-2
Until You Die
The Wisdom of the Sands, Vol. 1-2

TANTRA
The Book of the Secrets, Vol 2,4,5
Tantra, Spirituality and Sex
The Tantra Vision, Vol. 1-2
Tantra, the Supreme Understanding

TAO
The Empty Boat
Hsin Hsin Ming: The Book of Nothing
Neither This, Nor That
The Secret of Secrets, Vol. 1-2
Tao: The Golden Gate, Vol. 1-2
Tao: The Pathless Path, Vol. 1-2
Tao: The Three Treasures, Vol. 1,3,4
When The Shoe Fits

UPANISCHADEN

I Am That
Philosophia Ultima
The Supreme Doctrine
That Art Thou (Frühe Reden; Fotos)
That Art Thou
The Ultimate Alchemy, Vol. 1-2
Vedanta: Seven Steps to Samadhi

WESTLICHE MYSTIK

Guida Spirituale
The Hidden Harmony
The Messiah, Vol. 1-2
The New Alchemy to Turn You On
Philosophia Perennis, Vol. 1-2
Theologia Mystica
Zarathustra, A God That Can Dance
Zarathustra, The Laughing Prophet

YOGA

Yoga: The Alpha and the Omega, Vol. 2-10
Yoga: The Science of the Soul, Vol. 1-3

ZEN

Ah, This!
Ancient Music in the Pines
And the Flowers Showered
Dang Dang Doko Dang
The First Principle
The Grass Grows by Itself
Nirvana, the Last Nightmare

No Water, No Moon
Returning to the Source
A Sudden Clash of Thunder
The Sun Rises in the Evening
Zen: The Path of Paradox, Vol. 1-3
Zen: The Special Transmission

ZEN-MEISTER
The Search
Take It Easy, Vol. 1-2
This Very Body the Buddha

3 weitere Bücher
zusammengestellt aus Vorträgen von
Bhagwan Shree Rajneesh

Kunst kommt nicht von Können
Zum Thema Kunst und Kreativität

Was ist Kreativität?
Wer schreibt all die Liebesgedichte?
Picasso im Schlafzimmer – Alpträume
Streß als kreative Kraft
Musik als Weg zur Meditation

Liebe beginnt nach den Flitterwochen
Zum Thema Liebe, Beziehung, Ehe und Scheidung

Ich bin für die Liebe
Sex, Liebe und Romantik
Die Frau außen und die Frau innen
Heiraten?
Liebe und Haß

Tantra, Spiritualität und Sex
Der tantrische Liebesakt
Tantra, der Pfad der Hingabe
Der Unterschied zwischen Yoga und Tantra
Sex ohne Partner
Das tiefe Tal des tantrischen Orgasmus

Jedes Buch 160 Seiten – **DM 9,80**

Rajneesh Verlags GmbH
Venloer Str. 5-7 – 5000 Köln 1 – Tel. 0221–574 07 43

Das Orangene Buch

Die Meditationstechniken

von

Bhagwan
Shree
Rajneesh

*„Meditation ist weder
eine Reise im Raum
noch eine Reise in
der Zeit, sie ist
ein blitzschnelles
Erwachen."*

246 Seiten – DM 12.80

Dieses Buch ist ein Geschenk, eine Fundgrube an Meditationstechniken, die Bhagwan Shree Rajneesh Seinen
Schülern im Laufe der Jahre gegeben hat.
Mit diesen Methoden könnt ihr spielen, sie helfen euch,
eure Reise nach innen zu einem Fest zu machen.

RAJNEESH
VERLAG
Venloer Str. 5-7 – 5000 Köln 1
Tel. (0221) 574 07 43

Rajneesh Neo-Tarot

Deutsche Ausgabe

Ein völlig neues Tarot-Konzept – 60 farbenprächtige Karten inspiriert durch den lebenden Meister Bhagwan Shree Rajneesh. Jede Karte steht für eine Grundlektion des Lebens, illustriert an Geschichten aus allen religiösen Traditionen – Zen, Sufi, Christentum, Hinduismus, Tantrismus, Buddhismus, Chassidismus und Griechentum – neu erzählt im Licht der Weisheit Bhagwan Shree Rajneeshs. Geschichten sind das einfachste Mittel, durch das der Mensch die kompliziertesten Seiten seiner Natur erkennt. Diese Karten führen in eine vollkommen neue Dimension. Sie haben nicht nur etwas mit Einsichten in die Nuancen der Persönlichkeit zu tun, sondern weisen darüberhinaus auf das verborgene Wesen, die eigentliche Natur des Menschen. Ein Büchlein in deutscher Sprache mit Anleitungen und Geschichten zu jeder Karte liegt bei.

Rajneesh Neo-Tarot

Rajneesh Verlags GmbH
Venloer Str. 5-7 – 5000 Köln 1
Tel. 0221–574 07 43

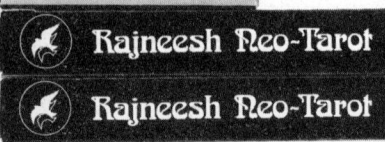

DM 45,-
ISBN 3-9800883-7-5